学习好就是方法好

清华北大状元的高效学习习惯

赵文杰 等著

民主与建设出版社
· 北京 ·

图书在版编目（CIP）数据

学习好就是方法好. 清华北大状元的高效学习习惯 / 赵文杰等著. -- 北京 : 民主与建设出版社, 2020.9（2025.6重印）
ISBN 978-7-5139-3215-8

Ⅰ. ①学… Ⅱ. ①赵… Ⅲ. ①高中生 — 学习方法 Ⅳ. ①G632.46

中国版本图书馆CIP数据核字（2020）第175367号

学习好就是方法好——清华北大状元的高效学习习惯

XUEXI HAO JIUSHI FANGFA HAO QINGHUA BEIDA ZHUANGYUAN DE GAOXIAO XUEXI XIGUAN

著　　者　赵文杰　等
责任编辑　彭　现
特约策划　杨　涛
特约编辑　庄碧红
封面设计　良　子
出版发行　民主与建设出版社有限责任公司
电　　话　（010）59417749　59419778
社　　址　北京市朝阳区宏泰东街远洋万和南区伍号公馆4层
邮　　编　100102
印　　刷　长沙鸿发印务实业有限公司
版　　次　2020年11月第1版
印　　次　2025年6月第2次印刷
开　　本　880毫米 × 1230毫米　1/32
印　　张　9
字　　数　200千字
书　　号　ISBN 978-7-5139-3215-8
定　　价　39.80元

注：如有印、装质量问题，请与出版社联系。

学习好就是方法好

盛夏。

知了声声，浓绿的树荫下，柏油路面氤氲的燥热缓缓升腾，骑车的少年们带着满脸的骄傲飞驰而过，地上的尘土随之飘扬，消淡了一丝黏糊的暑热。

我就是在这样一个季节找到这群少年的。把他们称为少年，是因为他们那欲熟未熟、稚气未脱的脸庞，也是因为他们在这个夏天凯旋后依然朝气蓬勃的少年模样。接洽得还算顺利，我说，这套书不能是一套枯燥艰涩的学习方法和理论的书，更不能是一套看似有营养实则寡淡无味的心灵鸡汤。我需要的是你们行走在高考这座独木桥上时最真实的样子，有彷徨、迷茫，也有果敢、坚毅，或踽踽独行，或一往无前，无论好的还是坏的，唯一的要求就是“真实”。

因为“真实”，你会看到这些清华、北大的状元们似乎跟想象的有点不一样，面对难题时也会不自信，考试排名下滑时也会沮丧不已，面临科目选择时也会犹豫不决，感觉梦想渐行渐远时也会恐惧万分，那些同龄的同行者该有的烦恼他们似乎都有。

因为“真实”，你也会感受到这些清华、北大的状元们的学习好真的就是方法好。他们毫不吝啬地全盘托出，一点一滴告诉你们乘风破浪、披荆斩棘的“绝学”。

时间往回倒，倒回到做这套书的初衷。在中国，几乎所有的小孩在小的时候，耳边都会充斥着这样一种声音：你要好好学习，将来考清华、北大，读名校。于是，“读名校”如同一粒种子埋藏在万千小孩的心中，有的破土发芽，有的却还在苦苦挣扎。“名校”好比最神圣的灯塔，矗立在十二年的漫长求学路上，就让那些“梦想已经照进现实”的少年们站出来，告诉你他们是如何奋战在每一个平常的日夜，告诉你他们有哪些“独门秘诀”，告诉你他们是如何解决你现在正面对的困顿，告诉你成长需要经历的苦涩……

这套书一点都不像通常意义上的学习方法书，实用是它最耀眼的底色。少年们的每一个字都是在说自己真实的学习方法和经验。与千篇一律的学习方法论相比，这套书称得上一股清流。我想，真实、有用就是这套书面对读者该有的模样。

感谢这群即将奔赴和已经奔赴绚烂未来的少年们，他们用最真实的笔触记录了自己的青葱岁月；他们毫无保留地奉献了自己最真实、切身的学习方法和经验；他们从清华的荷塘边走过；他们在北大的未名湖畔漫步，给后来人留下了谆谆告诫：学习好就是方法好。书中有些文字可能如少年般稚气，但不完美的小孩献上了最完美的诚意。

韶华易逝，成功之路不能复制，成功者的经验却可以借鉴。愿捧起此书的你，在梦想照进现实的路上，乘风破浪！勇往直前！

编者的话

目 Contents 录

赵文杰 清华大学

第 01 章 课前准备——磨刀不误砍柴工

课前准备可以分为课堂预习和提前学习两大类，提前学习需要大块的时间来完成，预习是课前热身，二者对于学习来说都十分重要，提前学习就像小火慢煨，而课前预习像冬天开车前的暖车，二者共同发力，才能保障课堂学习的顺利。

第 02 章 抓住课堂——最高效的学习窍门

课堂 45 分钟永远是学生在学校最重要的时间，需做到充分把握好每个 45 分钟。课堂上最重要的事情就是听讲，从老师的讲述中发现、提取、加工自己所需要获得的知识。那么，怎样才能做到真正地听进去、学进去呢?

第 03 章　怎样学好生物和物理

在具体说物理、生物之前，先说一下对这两门学科都很重要的一点——笔记。笔记一方面是我们对课上听到的内容的一定程度上的概括，另一方面是我们课下复习、回顾的依托，我们的笔记一定要尽力地做到简明。

我眼中的清华

马雯婷　清华大学

第 04 章　粗心是不可饶恕的错误

许多同学也像曾经的我一样，不把因粗心犯的错当回事。一次，在我又嬉皮笑脸地跟物理老师说“我只是粗心了”时，物理老师板起脸，严肃地跟我说：“粗心是最不可饶恕的错误。”而高三一年，我用行动上的改变证明了这句话的正确性。

目录 Contents

第 05 章　时刻保持住学习的热情

各行各业里，热情都是做出非凡成绩的必要条件，作为学生更不会例外。可事实是，学习本身包括了一系列并不让人喜爱的因素，对学习说一句喜欢，远非想象中那么容易。那么，该如何保持对学习的热情呢？

第 06 章　怎样学好化学与生物

在理综三门里，我更喜欢化学和生物，因为它们学起来更有规律可循。化学的根本在于对高中基础知识熟练掌握之后的综合分析，而生物对课本内容的要求非常高，甚至到了需要深究每一个字词的程度。

邵健冲　清华大学

第 07 章　跟时间要效率

高考对于每个人都是公平的，同一张试卷、同样的时间。如何在相同的备考时间里取得最大成效，便成为每个同学都关心的问题。那么，我们如何提高自己的学习效率呢？好的学习方法就是让我事半功倍的秘密武器。

第 08 章　规划学习的专属时间

学习其实是人生的第一个事业，应对高考这一场检验，专注必不可少。所以，我建议不要在学习的同时干其他事或想其他事。在这里，我给大家推荐一种叫作番茄工作法的学习方法，希望能对大家有帮助。

第 09 章 怎样学好语文和物理

作为一名在复读一年中集中精力学习语文并取得一定成效的过来人，我有一些独到的心得想与大家分享。而相比于语文的由弱至强，物理则是我最擅长的学科，若在物理学习中能掌握适当的方法，就能够学好高中物理。

我眼中的清华

朱佩佩 北京大学

第 10 章 专注力是通往名校的必经路

曾经有个同学跟我说，自己上课听讲了，课后作业也按时完成，买的资料书也做了，但是为什么成绩不进反退？实际上这种问题的根本在于专注力和上课效率。因此把握好上课的 45 分钟、充分提高课堂听讲效率，成了我们每个人都要追求的目标。

周芷怡 清华大学

第 13 章 细节决定成败

对很多人来说，好像把知识掌握不牢固、公式运用不灵活、考试时间安排不合理这些大问题，冠以“粗心”之名后，就变得没有那么不可饶恕了。然而，粗心往往是最致命的缺点。真正的超常发挥，往往是把所有可以以“粗心”为借口的错误都规避掉。

第 14 章 记忆方式与背诵

在高中的学习中，记忆背诵是很多人学习进程上的一个障碍。那么该如何跨越这个坎儿呢？掌握背诵记忆的方式很重要。对语文来说，理解是记忆的基础，而对其他科目来说，亦各有其更为便捷的记忆方式。

赵文杰

清华大学

学区	山西运城
语文	131
数学	135
英语	137
理综	276
总分	679

普希金的这段话让我一次次地从低谷走出，希望大家能够对自己不离不弃，对生活充满希冀，对学习永不放弃——

假如生活欺骗了你，
不要悲伤，不要心急！
忧郁的日子里须要镇静：
相信吧，快乐的日子将会来临！

课前准备——磨刀不误砍柴工

第01章

课前准备可以分为课堂预习和提前学习两大类，提前学习需要大块的时间来完成，预习是课前热身，二者对于学习来说都十分重要，提前学习就像小火慢煨，而课前预习则像冬天开车前的暖车，二者共同发力，才能保障课堂学习的顺利。

首先我们应该把重点放在什么是预习、预习是在做什么上。预先学习，是让学生能够在上课之前进入学习所预习科目的学习状态，是提前接触新的知识，是挖掘与之存在有机联系的旧知识。

预习就像运动前的热身，要求书山中的运动员即学生们，能够在短时间内进入状态。不能在预习的时候就疲劳，因为还没有开始我们的正题，它要求的是快速、高效！

一 预习的目的到底在哪里呢

1. 预习是在确定学习重点

不预习会导致上课时非常被动，无法在课堂上及时有效地将本堂课的内容内化理解。预习不到位的话，上课时可能会觉得手忙脚乱，认为老师讲的每一句都是重点，导致笔记记不过来，甚至会把教材上原本就有的东西重复地记在空白处。

预习了，就会对教材内容有所了解，在老师讲课时明白哪些内容是课本上有的，从而减少记笔记的量，留出时间来内化吸收知识，将课堂从机械地听讲、被动地记笔记转化为与老师的有机交流、与课本的深层次沟通。同时，及时预习能够让我们抓住本节课所学知识的重点，明白课堂听讲的重点，从而使我们在听课的时候明确侧重点，使我们在记笔记时也明确重点，使我们的笔记更加有条理、更加突出重点。

2. 预习既有利于对新知识的小窥，也有利于在初识新知识后回忆联想相关课程、相关知识点

在物理、生物这些前后逻辑联系比较强的科目中，提前预习可以避免在课堂上出现由于上节课的知识记得不牢，无法灵活运用而导致这节课听不懂的情况。

在高中的学习中，尤其是理科，许多知识和内容都是前后交叉关联的。如果我们出现遗忘的现象，在预习新的知识时，就能够发现这一问题，从而及时地进行复习，避免了在听课过程中才发现这一问题而导致听不懂课，想回头去翻看遗忘的知识点后再听老师讲，而讲解已经结束的尴尬情况。

3. 预习还可以加深我们对课堂内容的印象，提高我们对课上知识的记忆效率

一般情况下，我们在预习的时候都无法将全部的内容领会，但我们在未知时自我探索，也可以形成一个粗略的知识框架，上课的时候就相当于是对这个框架的再次回顾，同时也是对这个框架的补充、完善、加固和扩展。众所周知，重复是记忆之母，

我们在合理地预习之后再次听课，就相当于是加深印象的一次重复，因此在课前合理有效地预习可以极大地提高我们的记忆效率。

预习是一种很好的学习手段，但如果没有很好的预习方法，预习就可能只是另一种浪费时间的方式，甚至还不如不预习。我们身边可能有这样的人，在暑假时去补课或者自己预习，提前学习了教材内容，做完了练习题，但是这样真的有效吗？其实，如果不能正确地看待这件事情，效果是很小的，甚至可能会产生这样的后果：在预习的时候不认真看书，觉得以后会学，可在正式学习时又觉得自己已经预习过了，自满且不认真，还有可能已经丧失了对新知识的好奇感，最终导致的结果就是自己对课堂内容的学习疏忽大意，浪费了时间还没有学到太多的东西。

二
如何预习才能达到预期效果呢

（一）预习的时间

第一，预习呢，不宜太早，当然也不能太晚。如果太早，比如提前一周或者提前四五天看书，根据艾宾浩斯遗忘曲线，我们知道，所接触、记忆的知识会不可避免地遗忘，到了正式上课的时候，就会感觉自己恍如蜻蜓点水一般，做了无用功；如果太晚了，比如马上就要上课了，才匆匆把这节课要用的书从书堆中翻出来，走马观花一般从第一页翻到最后一页，假装自己已经预习过了，这样只会是自己骗自己。预习的效果是建立在恰当的时长之上的，预习也并非只是简简单单地读一遍书上的文字就了结，而是需要你认真地读每一句话、抠你感觉最重要的字眼、感知预习课程的核心。所以，预习的最佳时间是上课前一到两天，把握这段时间，既能让我们保持对知识的新鲜感，又能保证我们为新课所做的预习在课堂上能够发挥实际作用，真正地确保预习所带来的收益与其花费的时间成正比。

第二，在预习过程中花费的时间也要适当。我在预习的时候，预习时间与上课时间的比例大概会保持在 1：3。因为在高中阶段，老师大多会在课堂上留出一定的练习时间，三分之一的相对时长基本可以保证我们在听课的整个过程中注意力集中。这样一个比例，可以保证我们在课外把课堂上老师即将教授的知识都在自己的脑海中过一遍，保证拥有三天的短期记忆，也可以画出自己的思维导图，上课的时候只需要看一眼就能够唤醒自己的记忆库。

（二）预习的地点

我建议大家找一个安静的“风水宝地”去预习，这个“风水宝地”应该是光线充足、视野开阔、温度宜人的适宜环境。诸葛亮在《诫子书》中说道:“夫学，须静也。”这里的静，既是说没有外界的干扰，也是指心灵的平静。其实不只是预习，就是在学习的时候这种“静”也是很重要的。如果个人的自制力不是很强，那么当面前有正在放古装剧的电视机，或是身旁有QQ、微信一直在叮咚作响的手机时，预习想要有实效是很困难的。这就要求我们在预习的时候能够主动远离可能导致效率下降的各种外界诱因:电脑、手机、课外书……在最有限的时间内保证预习的最佳效率才是最明智的行为。

除去预习的时间、地点这些外界因素外，具有主观能动性的预习者自身才是最关键的。在预习的时候想要确保效率，最终取决于预习者本身的学习态度。

三 预习过程中要格外注意的事项

(一) 做一个“问题宝宝”

预习的过程是痛苦的，因为它是一个不断发现问题的过程。在预习的时候，你可能会觉得:“唉，这我怎么什么都不知道?”这时就需要我们有意识、有思路地给自己提出问题，如这节课大致在讲什么问题?这节课可能需要的基础是哪些?这节课的知识是怎么和前面的知识衔接起来的？这节课的重点、难点可能会是什么……预习不同科目的时候所引发的问题也会不同。对物理来说，这些问题可能会是某个公式是如何用前面学过的相关公式推导出来的，这个知识是怎么渗透进某种题型的；对生物来说，这些问题可能是这个定义的定义格式、定义类型是什么，这两个物体的关系是什么，例如，明天学习动量定理，那么动量定理和牛顿运动定律有关系吗？如果有的话，有什么关系？它们可以相互推导吗？这类问题都很具体化。

在预习的时候提出问题并不是意味着我们必须在预习的时候就解决问题，不用刻意地去解决这些预习时提出的疑问，只需要大概了解课本中对应的页码、思路，在上课时带着问题去听讲，在听到某一个关键词时能够敏锐地察觉到这个词，确保自己预习问题足够明确，就基本就达成了预习的目的。

（二）建立预习的总结习惯

预习时间虽短，但是预习之后也要进行总结。可以自己在心里默默地重复几遍自己遇到的问题，但我更推荐能够以关键词的形式把自己遇到的问题记在课本上或笔记本上，绝不让这十几分钟的热身白费。热身得当可以显著提高运动员的成绩，预习得当同样也可以提高课堂效率。据研究，一般人可以保持 15~20 分钟的全神贯注时期，也就是说在 45 分钟的课堂上，可能会出现两次左右的走神现象。但是当你走神的时候，看一看自己的疑问，就可以激活大脑里的部分区域，使我们在课堂上能够尽量减少因走神引起的低效。

（三）不同学科结合教辅采用不同的预习手段

有时预习的时候只看课本并不一定能准确把握住要点，这时可能就需要市面上各类教辅的帮助了。有许多教辅确实制作得比较用心，基本能涵盖需要用到的知识点，适当地参考其中的脉络能帮助我们更好地厘清课程设置。当然，对不同的科目不能一概而论，需要在把握学科特点的情况下带着或理性或感性的思维来发现问题。

现在，“预科初中”“预科高中”“预科大学”等各类“预科”异军突起，大家都抢先学习下一阶段的新知识，这能不能说是一种浮躁呢？我认为不能，这是一种更加注重学习，以更加积极的态度面对新知识的表现。

就目前的情况来看，无论是初升高还是高中，各个年级之间的知识跳跃性都比较大，这就导致很多同学在升级的时候会有听不懂、学不会、跟不上的尴尬场面出现。学业负担的猛然加重，有可能让部分同学一时间乱了阵脚，甚至会出现一步跟不上、步步跟不上的问题，而且高中的全部课程都需要极其扎实地系统学习，不然就可能在高三总复习的时候发现到处都需要去打补丁，到时候又有来自高考的压力，肯定是难上加难，更加难以应对。学年的知识差距大、难以掌握是客观事实，所以我们就应该从自己身上下手，寻找能使自己提高的方法，从而从容应对困难。

我们可以利用每年的暑假、寒假这些有利时机来弥补自己的弱势、不足并提前适应新的知识内容，曾经有一位校长说过："假期是超越别人的最好机会。"原本成绩好的同学心里想着要继续保持，成绩中等的同学想通过提前学习步入前列，成绩不那么好的同学也想通过这种方式打一个漂亮的翻身仗。通过提前学习，我们可以了解本学期乃至本学年的大体知识结构，并在脑海中保持知识的一种连贯性，甚至如果达到永远快老师一步，只把疑难的问题留给老师的程度，那么就会在学习上轻松不少。提前学习还能够为预习和复习留下充足的时间，让我们能够在不那么熟悉的学海中多几个停靠的港湾，多几艘同行的友船。

提前学习能够帮助同学们为新知识的学习奠基，与此同时也余下更多的时间来让我们解决那些更加具有挑战性、更加需要深入思考的问题，这就能让我们在学校的学习中最优化地利用时间来提升自我。只有打好了基础，我们才有可能、有底气去寻求更加有难度的问题，翻过小山才去爬高山，有策略、有毅力地一步一步向上攀登，最终定会爬到最高峰。

我的一位来自香港的舍友钟同学就深受其益，他说："我刚去补课的时候，经常会是一脸蒙，发现有很多不会的东西，但是经过提前学习之后，在课堂上再次学习的时候我就能得心应手，不再手足无措了。"他把这个习惯也延续到了大学，开学之前就提前学习了大学数学的相关课程，现在学习微积分、线性代数、离散数学等课程也是可以应付过来的。另外一个舍友——来自东北的李同学也给我分享了他的感受："如果提前学习的时候跟着老师或者高年级同学等引路人走，就能够更快、更牢固地把握新的知识，更重要的是能够在课堂学习中有针对性地听取老师的讲解。在课堂上特意去听某些提前预习时感觉难以理解的知识，这样才能让学习更加高效，让课业压力更加分散。在高中阶段，我经历过‘一对多’和‘一对一’式的提前学习，‘一对多’学习的时候更有学习氛围，大家一起学习，互相鼓励，互相激励，共同进步，而‘一对一’的学习能够与有经验的人更近地进行交流，更能够即时反馈并解决问题。”

物理这门课程的连贯性相对来说比较强，它的一些基本公式是贯穿整个学习过程的，只不过公式的应用形式和出现在题中的形式都会发生变化，所以见到新的课本相关的知识框架或者题目类型的时候，就有可能会出现无从下手或无法找到相联系的知识的情况。例如，在学习天体运动中的万有引力的相关知识的时候，就要求我们能把它与前面的必修中学习的关于力的知识融汇到一起。而且物理的题目到后期相对来说会比较综合，这就要求我们在学习的时候要建立起牢固的知识架构，因此通过提前学习达到多学一遍的效果就能在很大程度上帮助我们解决这个难题。

对于生物的课前学习主要以基础为主，所谓基础，就是细细地对课本进行筛查。生物的考试特点是会考得很细，这就要求我们能在先入为主的第一次学习中仔细地读每一个字，看每一句话，因为有些东西如果第一次看的时候走马观花，就会导致记忆遗失甚至记忆错误，就会导致以后每次都只能想起第一次看的时候的错误印象，因小失大。提前学习生物时，一方面是要注意基础知识；另一方面是要注意知识的广度。可以在提前学习的时候了解一些课本之外的东西，这样既可以增加兴趣，又能够对做材料题等拓展题型产生实质性的帮助。

提前学习不是仅仅看课本的知识点，也需要根据实际的需求结合教材的课后练习题、教辅上的习题来进行，学、练结合是巩固新知识最便捷，同样也是最有效的办法，提前刷题更有利于把握该知识所需学习的深度，这也是我们进行学习的一个标准，同时还可以避免做一些无用功。

预习和提前学习都是课前准备的重要方法，希望同学们能够合理地利用这两种方法，让课前的时间充分发挥它们应有的价值，在课堂上能有更多的时间去倾听、去思考。

抓住课堂——最高效的学习窍门

第02章

课堂 45 分钟永远是学生在学校最重要的时间，需做到充分把握好每个 45 分钟。课堂上最重要的事情就是听讲，从老师的讲述中发现、提取、加工自己所需要获得的知识。那么，怎样才能做到真正地听进去、学进去呢？

一 听讲的必要性

我们必须先明白，认真听讲大部分课业内容是必要的，如果不是天赋超群的话，拒绝听讲将是一种不明智的行为。

（一）师者，所以传道受业解惑也

尽管我们在上课之前可能已经做了充分的提前学习和预习，甚至已经做过相关的练习题，但是我们必须认识到，这一切都不是为了替代上课，而是为更高效地上课做准备的。

老师是同学们提高学习效率中最重要的一环。作为在一线教学中摸爬滚打的匠人，老师对课本、知识点的讲解必然更加具有主观性、针对性，他们会对课本进行有重点、详略得当的讲解，将不常考的知识一笔带过的同时会重复强调重要考点。老师还会在讲课的同时向学生讲授自己对某些知识点的独特见解。这些经历过实践检验的、鞭辟入里的见解往往都会和记忆或者做题有密不可分的联系，掌握它们对我们的学习有很大的帮助。而这些都是我们在提前学习和预习中可能无法发现的，老师清晰明了的讲解可以帮助我们真正厘清知识的架构，有时候不经意的一两句点拨就能帮助我们厘清困扰着我们的问题。自学固然有效，但是课堂上用心听取老师的指导更为妥当。

（二）转变学习形式，激活兴趣

在提前学习与预习中，我们大多数时间都是在自学，缺少真正有效的讲解互动。听老师讲解能将我们的思维从个人有限的脑海中解放出来，让我们把思维放在集体的大环境下运转，去感受接收这节课所学内容的新方式。如果上课的时候还是自己干自己的事情，自己看自己的课本，那么我们更可能会感受到的是索然无味而不是对知识的欲望。

“一千个读者就有一千个哈姆雷特”，刚开始对课本的理解也可能会是如此。在听讲的过程中，体会自己看过一遍的课程从老师的口中说出的感觉，你会发现尽管所针对的内容相同，有很多细微之处的理解却是不尽相同，仔细体味这个中不同，我们也会有很多的收获。

同时，以不同于自习的方式在老师的带领下回过头来再看一遍知识，也会给我们一种新鲜感，毕竟老师讲和自己学肯定会有差距，这种差距一方面表现在对课程的认识程度上，另一方面表现在学习的角度上。这样的新鲜感无疑有助于学习、记忆。

二

什么是真正的听讲

(一) 明确听课的目的

做到心中有数，才会有不竭的动力。在听讲中，主要获得的技能有三方面：梳理内容、掌握知识、获得能力。

1. 梳理内容

在听讲的过程中，老师会以一定的顺序整理知识，可能并不会按照课本上的顺序，而是以他认为学生最能接受的顺序来讲课。如果说我们自习到的知识像一团乱毛线，那么老师就可以帮助我们找到毛线的头，按顺序把它缠好。梳理内容、厘清脉络，是熟练掌握知识、运用知识的第一步。

2. 掌握知识

不用说，学习知识的目的就是能够掌握它。掌握知识并不只是背诵它、记住它，而是要知道如何把学到的知识应用到要解决的问题上，这个应用、联想的过程更应该是我们需要注重的。现在的评价体系中，我们应对月考、期中期末考、会考以至高考，都是以对知识的熟练掌控为基础的。

3. 获得能力

我们想要获得运用知识解题的能力，就必须认真听老师是如何解决例题的，需要把握从看题、读题、分析题到分步骤解题的思路。也就是当我们看到某个字眼、某句话时，要知道出题人想让我们干什么，想让我们犯一些什么样的错误，当我们拥有猜想出题人意图的能力的时候，题中的陷阱就会离我们远去。

（二）听讲的状态

我们可能常常听老师们说："别脑子不动，老师说的话都是左耳朵进右耳朵出。"这种状态特别应该避免。如果我们真的以这种方式接受知识，那么这样低效率的听课就无异于在浪费时间、浪费生命，结果只是在折磨自己、应付老师。

听课最好的状态就是思考。音波通过空气传播引起鼓膜振动，产生神经冲动，我们的思维就会跟随着脑电波振动、跳跃，让思维集中，让思维律动。我们要把我们有限的注意力用到对的地方，敏锐地捕捉老师讲课中的重点，想尽一切办法实现课堂效率的最高化。听课并不是被动填鸭，而应该是主动地挑选，跟上老师的指挥棒，让自己的大脑活起来，才能更好地达到考试所要求的水平。

三 如何高效听讲

我们该如何在每个有限的45分钟里把握最好的自己、成就最好的自己呢?

(一)积极性

提高我们对课堂上新事物的积极性，积极地去思考、积极地去互动。在课堂上，不能只是把自己摆在“旁观者”的位置上，而应该放在听的“建设者”上去。调动我们的积极性，不只是为了让我们更高效，也是为了给予老师反馈。

老师讲出来的东西是初加工后的产物，而我们听课时的思考就是对它们的二次“精加工”，我们要尽力去把别人口中的东西转化为自己可以轻易理解的东西。同时也要质疑问难，不能有得过且过、弄虚作假的想法，我们不大可能在第一遍听课的时候就把所有知识点搞得一清二楚，要敢于提出问题与自己的见解，哪怕是一个最简单的知识点，也不要因害怕被笑话或者觉得不好意思而不敢去问，因为你的独特的问题或见解可能就会成为出题人挖坑的法宝。

在课堂上恰当的时候，老师们大多希望学生积极配合自己讲课，跟自己积极地互动。这样一方面可以活跃老师的情绪；另一方面也可以提醒我们要集中注意力。互动包括语言上和眼神上的，无论是积极回答老师随口提出的问题，还是在老师环视四周的时候与老师交流一个传达“我在认真听你讲课”的眼神，都可以使课堂更加活跃、高效。如果老师在讲台上每问一个问题，下面都是死气沉沉的，那么老师的心情肯定不会很好，从而会极大地影响课堂效果，甚至原本老师想讲的东西都可能因为没有从学生那里得到回应而不去讲了。

（二）应对各种问题

听讲的时候，我们或多或少都会遇到一些问题，比如打瞌睡、想聊天、走神等，下面针对这些问题，我给大家分享几个解决方法。

1. 打瞌睡

在较高强度的高中学习中，课堂上打瞌睡甚至补觉的现象都会发生。我个人的解决方案有以下几个：

①	提前与老师、同学沟通	我高中的时候经常会在上午第一节课上打瞌睡甚至睡着，为了避免这种情况，我会与上第一节课的老师提前说一下，请求老师在上课的时候多看我几眼，如果正好我昏昏欲睡，那么老师的一句提醒就可能挽救我的这一堂课；同样，如果同桌的习惯比较好，也可以请同桌监督自己，要是上课不小心看见自己“蜻蜓点水”“头如捣蒜”，这个时候给一个肘击也是很棒的选择，不过切记不要走进让同学帮忙看老师的误区，那样对自己只能是有百害而无一利。

②	常备利器	瞌睡 = 无神，这时就可能需要一些提神醒脑的利器，如老虎油、风油精（外用尚可，口服更刺激）、薄荷糖、提神片甚至秀逗，都能让我们在课堂上迅速重回巅峰，因为有可能会出现一直用某样东西就出现耐受性的情况，所以这些“大国重器”滚动使用效果更佳，保证治标，近期不反弹。
③	主动“体罚”	通常我在想打瞌睡但尚有意识时，就主动向老师打报告，请求去用凉水洗一把脸或者在教室后面站一会儿，清醒了就自个儿回到座位上，这样主动去抗拒瞌睡虫是很有效的，一方面是身体上阻止睡觉；另一方面也是提醒自己不能瞌睡，这样双管齐下也是行之有效的。
④	规律作息、保证睡眠	上面三个方法都是治标的，这一点才是根本。要不断地调整自己的生物钟，让上课逐渐成为自己注意力最集中、精力最旺盛的时间段，自然而然就不会在上课时打瞌睡了，尤其是到了高三，更要有意识地在考试对应的时间段提高注意力，久而久之，养成习惯，就不会在高考考场上出现意外状况。 保证睡眠的质量和时间。睡眠的时间长短直接决定了瞌睡的强度和次数，每天晚睡、午睡加起来至少应该保证 6 ~ 7 小时的有效睡眠，这样才能有精力去应对一天的高强度脑力劳动。睡眠质量不佳的同学可以考虑通过睡前用热水泡脚、喝热牛奶、佩戴耳塞、喝安神补脑液等方式来促进睡眠。保证了睡眠，才能保证革命的本钱不出大问题。

2. 走神

走神也和上课睡觉一样，是老师们“深恶痛绝”的现象。预防打瞌睡的第一条同样适用于此，对老师坦白加上求关心是最有效的方式，但也需要同学们拿出勇气；第二条是笔不离手，因为权衡走神和效率低下二者利弊，我们宁愿效率低，所以刚开始也可以尽可能多地写下老师讲的内容，写字的同时，可以用力并且挺直腰板；第三条是，我们可以在课外尝试这样的方法：在床上盘腿坐好，设置一段时间的倒计时，在这段时间里我们要把思维完全放到自己的呼吸上，时间可以从三十秒、一分钟逐渐加长到五分钟、十分钟，这样每天锻炼一到两次，我们的专注力和耐心就会提高很多。

3. 小动作

虽然部分同学已经习惯了诸如转笔、抠手之类的小动作，但是我们还是要尽量避免这些行为。相信转笔的同学都出现过“失手”的时候，当笔“哐哐”地砸到桌子上、掉到地上的时候，既影响同学听课，又影响老师的心情。上课抠手有时是无意识的，但是这个无意识往往会被我们转化为有意识的行为，抠着抠着就“迷失”了自我的情况也屡见不鲜。这些行为都会成为课堂效率提高的绊脚石，这时我们的自制力就尤为重要，如果我们的全部心思都在跟着老师的思路走，也可以有效地减少让人分心的小动作。

（三）用好眼睛

俗话说，眼睛是心灵的窗户，对同学如此，对老师也一样。我们要充分利用我们的眼睛，从老师的“窗户”中看见老师的心灵。

我认为迫使自己上课认真听讲的最佳方法是紧盯老师：盯老师的手势，盯老师的嘴巴，盯老师的眼睛。当一个人认真倾听的时候，他会看着对方的双眼。上课的时候紧盯着老师的眼睛，一是可以有效防止走神，二是会给我们一种能看透老师的错觉，这种错觉可以给予我们继续认真听讲的动力。

（四）适当记笔记，精准记笔记，适时总结

听课的时候，高效率并不恒等于把老师说的每句话、写下的每一句板书都记下来，理解才是第一要务。做笔记的时候要像去菜市场买菜一样有挑有拣。就定义来说，理解一个定义，用关键词和例子加以说明也足够了，并不需要用把定义完完全全写一遍这种“笨重”的方法。

课堂上，老师可能会进行归纳总结，我们要认真记，但更重要的是我们要把自己的收获进行归纳总结，一般我们可以在每一小节内容结束和刚下课的时候进行阶段总结，一个简单的自己能看懂的思维树基本就可以概括每一堂课的内容。这样的总结是对我们上课成果的归纳整理，同时可以帮助我们再一次梳理思路，何乐而不为?

怎样学好生物和物理

第03章

在具体说物理、生物之前，先说一下对这两门学科都很重要的一点——笔记。

笔记一方面是我们对课上听到的内容的一定程度上的概括，另一方面是我们课下复习、回顾的依托，那么如何把我们的笔记做到比较好的程度呢?

我们并不一定要做得像网络上的学霸笔记那样“花里胡哨”，但是一定要尽力地做到简明。

1. 简

简并不是简单，而是简洁。简单的笔记可能会漏掉一些重要的知识，“简洁”不仅是要求我们记住所有的重点，同时也是认真听完课的一个隐性的附加要求。毕竟如果像前面提到的那样把课堂上老师的每一句话都记下来，便犹如繁文缛节，且存在弊端，一是课堂效率降低，二是自己下去复习的时候也很有可能因为一看有那么多的内容而不想往下看。

2. 明

明了得当是对笔记的基本要求，它需要让你看着笔记就能回忆起课堂上老师讲的内容，简单的内容可以不记，需要记下的往往是老师上课的时候提过的频率高于三次的一系列知识性的名词及它们之间是如何形成的、有何种联系。

一

我是这样学物理

物理的笔记推荐在笔记本上做，记忆性比较强的部分比如选修 3-4、3-5 可以考虑在书上做，我的物理笔记本给人的感觉更像是一个题目本，基本上是用题目来展现有限的知识点。物理课堂主要以对引入概念、定理的应用为主，所以笔记前一小部分可以是对知识框架的概括，但我认为重点还是应该留给部分具体应用，比如下面是关于匀变速运动的规律一节：

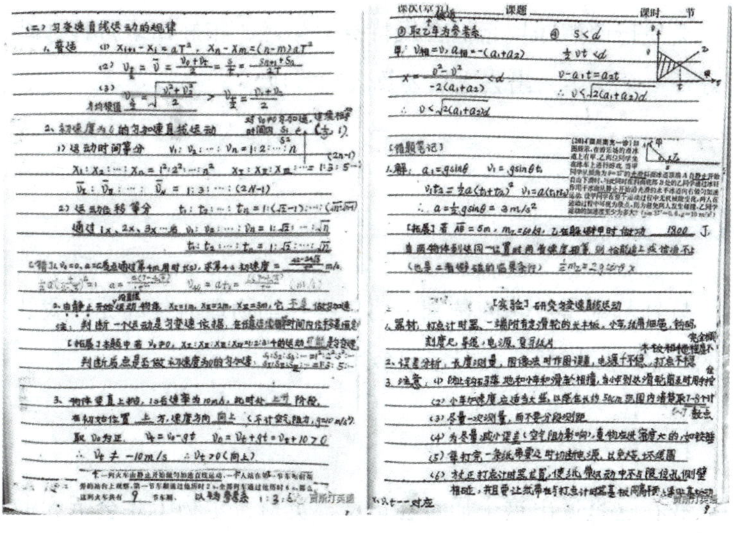

记下公式之后，主要进行的就是加强其与对应题目的联系，通过吃透经典的类型题来达到理解。

高中时我们经常用“吾辈何以究物理”来互相调侃，当然，我们的确可以“究物理”，下面我给大家分享一下我对物理学习的看法。

物理作为理综大头，其重要性不言而喻。物理解题主要靠的是对知识点、解题技巧的合理应用与联系。这个过程就好比我们现在有一仓库的衣服，这个时候考官让我们搭配一套中国风的衣服。考试还没开始的时候，我们就经常往仓库里加衣服，时不时地去仓库里转悠，看看自己有啥、哪件衣服在哪里，学着搭配各种衣服。到考试开始的时候，我们被赶到仓库外，考官给我们个小字条：搭配一套 ×× 风格的衣服。开始答题，我们推开仓库门，在衣服堆里翻来覆去，找簪子、内褂、外套……找到之后，我们又要按照顺序把它们在模特身上穿好，扣好扣子，打好结，捋好每一个褶皱，出去之后才算大功告成。

（一）基础巩固

打好基础是成功的基础。要怎样打牢物理的基础呢？我认为用四个字可以概括——“多记多用”。

1. 记

我在这里说出这个通常在语文、英语、生物中才会听到的字眼，大家可能会觉得很奇怪，但是我的确要强调这件事情。

第一，各种公式是一定要牢牢记住的，比如万有引力和由它推理衍生出来的公式家族、单摆周期公式、离子通过偏转磁场的偏转量和偏转角、关于电容的公式、电流的微观推导式等都是我们平常容易混淆的，这就需要我们多写甚至通过有目的的抄写来记忆，毕竟没有公式，我们就无从下手。

第二，记忆公式的同时，我们也需要记忆一些由公式衍生出来的重要推论，这些推论能让我们在考试中如虎添翼，节约许多时间。比较重要的推论有匀加速直线运动等时间内位移比、回旋加速器相关公式、斜面上角度与动摩擦因素、波长、临界角、频率、折射角的关系等二级结论。我们不仅要熟记它们，还要知道它们的推理过程，以防万一。同时更需要注意的是它们的适用情景、条件限制，谨防张冠李戴，出现因为无脑使用而导致的令人可惜的失误。

第三，需记忆类型题的做题思路。同一类型题目的基本思想会保持一致：连接体和绳杆问题需要进行合理的受力分析，碰撞问题中经常会有递推归纳，传送带中各种能量到底去哪儿了，带电粒子在复合场尤其是磁场运动时要注意图形的对称美，至于上下抛和单滚、双滚在磁场中的运动都会有一定应用公式的顺序，希望同学们能够多多总结、多多熟悉，做到见题出思路，下笔如有神。

2. 用

如果我们只是在某个时间记住上面说的东西而不用它们，那么等到某一天我们再次看见它们的时候，就会有一种感觉：哎！这题我见过，但是我不知道怎么做！惊喜但无奈。我就曾经在测试中遇到了老师上课时重点分析过的例题，但是我从来没有自己独立做过，所以找不到思路，而在总结记忆加上重新做过之后，我便再也没有翻过这类题的车。由此可见，多用才能牢记。

对于用的这个过程，我们的实践方式很多。首先离不开的就是我们最重要的课本，无论是应该推敲的公式的推导过程，还是性价比极高的课后习题，上面都有很大的信息量，毕竟它是编委会脑力的结晶、出题人命题的根本。然后就是在题目上的应用了，一般的教辅资料，它们基本都会对知识点进行专项总结并列出对应的题目，做题的过程其实一是在体会并熟悉公式的用法、解题的思路，二是在开阔我们的眼界，见的题多了，自然就会用知识点做题。

对于一些基本的小题，它们与公式的联系比较紧密，思路也比较直接，只要我们多记、多用、多见、多问，一定可以解决基础的问题。

（二）难度突破

在基础巩固层面我们可以采取“强攻”的方式来占领我们的据点，但是在难度突破方面我们可能更需要的是学会如何思维。

1. 思维活跃

破解难题可能需要我们的思路尽可能地接近出题人的意图，而在高中阶段，难题的考点基本上来说是有一定范围的，那么利用好专项练习这一法宝是可以有效领会每一专题出题人的侧重考点的。一方面，多做专项练习可以通过见题刷题来提高题感，努力使自己变得见题就感觉到一种亲切感；另一方面，通过专项练习，我们可以做到对某一部分从不熟练甚至不会到一见它解题思路、公式推理就能信手拈来，也可以提高我们的自信心，之后见到此类相似的题或许第一反应就不是“哎！我见过”，而是“我会做”了。

见到题，需要“开枝散叶”，广泛地联系并精准地定位要用的知识点和解题公式。拘泥于死胡同显然不是一个好办法，如果门不开，那么窗户可能就开着，我们没必要固执地撞门，费力不讨好。一般来说，当你发现某道题的数据过于驳杂或者奇怪、估算解题过程需要的空间甚至会大于答题卡上的空间，那么我们就应该意识到我们的做题方法可能有问题，这就需要我们及时调整思路，转变思考方向，切记不可钻牛角尖。

2. 思维缜密

可能会有许多同学发现自己的答题大体上没有什么错误，但是一不小心这儿单位没带扣一分，又不小心那儿没有化简扣两分，再一不小心螺旋测微计小数点位数又搞岔了扣两分，这儿扣扣，那儿扣扣，就扣得离满分很远了。

我们也经常说“细节决定成败”，从前到后细数细节：题干的审视、涂卡正确、单位恰当、小数点的位置、小数位数、公式正确引用、计算结果的简洁性、字迹整洁、过程书写格式等。这些细节如果不加以重视，就都有可能成为导致扣分的“罪恶之源”。我们要想取得高分，一定要在平时就迫使自己改掉一些坏习惯。相信我，“平时不做，不要想着在考场上就能细心，就能把字写好”这句话绝对是正确的，习惯的威力是巨大的，我们要用缜密的思维，一遍一遍地筛查我们是否将这些习惯培养到位，这样才有可能在考场上做到失误少以至零失误，斩获高分。

二 我是这样学生物

至于生物，在笔记本上写笔记和在课本上记笔记我都有过。刚上高一的时候，我在笔记本上写生物笔记，虽然做完之后会有一种隐隐约约的成就感，但是占用的上课时间也可想而知，一段时间后我就放弃了上课用笔记本，而是改成在课本上批注，所以生物的笔记我比较推荐大家在课本上做。由于生物课堂上主要是介绍、解释概念（遗传计算题例外，可以单独在笔记上总结），而其中大部分都是潜在的考点，都需要记忆，所以整齐地批注在课本上就可以。至于笔记本则可以把它转变成知识点总结本，错过什么，就写上，并按时复习。

（一）仔细看课本

对于生物这一门学科来说，学会仔细看课本是非常重要的。生物是所有理科学科中对看书要求最高的学科，可以说是“理科中的文科”。而且课本是出题人的依据，也是我们答题的基础。因此在谈到生物学习中的基础巩固时，看课本，或者应该说是熟读课本，就应该摆在前面了，而当我们能够听到一两个字眼就能说出整个知识点，甚至清楚地知道它在哪本书的哪一页附近的时候，相信同学们离高分也就不远了。

（二）课本怎么看

那么我们应该怎么看书呢？在高三复习的初期，回归课本的阶段，我们要全面性、覆盖性地看书。也就是说，全面回归课本，认真细致地把课本重读一遍，一行一字都不能放过。看到自己之前不了解的、不熟悉的内容就要立即做标记，通过即时记忆进行熟悉，因为我们不知道出题人会把哪里作为考点。举个例子，我曾经碰到过一道令人意外的填空题，具体如下：

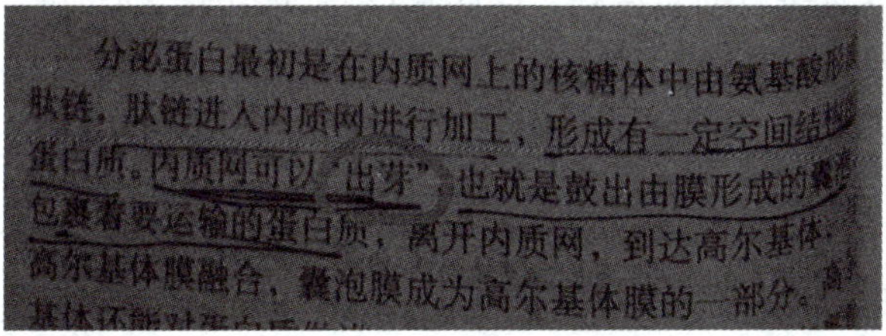
分泌蛋白最初是在内质网上的核糖体中由氨基酸形
肽链，肽链进入内质网进行加工，形成有一定空间结构
蛋白质。内质网可以“出芽”，也就是鼓出由膜形成的囊
包裹着要运输的蛋白质，离开内质网，到达高尔基体，
高尔基体膜融合，囊泡膜成为高尔基体膜的一部分。

没错，那个空要填的居然是“出芽”，你敢信？那么这句话在哪里呢？就在必修一讲生物膜系统的那部分。像这样的例子还有很多，在这里我就不一一列举了，相信同学们在做题中也会经常遇到一些自己完全没有注意过的知识点。由此我们就可以知道全面、全方位地回归课本有多重要了。

我们应该如何看课本呢？看课本不是说让大家把整本书都背下来，而是要学会抓住关键句、提取关键词。在看书的时候可以适当地进行圈画，以此来加深记忆。如果有同学在看书的时候容易不专注的话，可以试试用笔来引导自己阅读，读一句，画一句，虽然显得有点形式主义，但是这对我们保持注意力集中、保持专注确实很有效。

要注意的是，全方位的回归所指的并不只是针对课本正文。无论是必修还是选修（其实选修更甚），出题的范围都不局限于正文。据资料分析，课本上的小字、本章小结、科学家的故事、课后题的改编乃至课本正文旁边的蓝色小框，都在填空题的出题范畴内。特别是蓝色的小框，出题人想要难住大家时就会从那里找话挖空。课本上的资料分析其实是教材编者在教我们如何去分析一道材料题，如果你在做题的过程中碰到给了新材料的生物大题，做起来觉得毫无头绪，你就可以多看看课本上的资料分析并认真完成资料后的思考题，以此来培养自己的生物思维。而通过阅读科学家的故事，了解当时科学家研究时的思路，以及科学家在当时是如何设计实验的，可以为我们的实验设计题指明方向。本章小结里总结了每一章的重要知识点，有些甚至在课本正文中没有出现，但仍是重要的填空内容。通过本章小结，我们可以把零碎的知识串联起来，帮助记忆。课本实验也是需要我们特别注意的一个方面。所以，在基础巩固阶段，我们可以对课本需要记忆、熟背的内容进行总结，以便日后反复记忆，同时可以给我们的知识构建一个完整的框架。在总结的时候，我们除了总结那些需要背诵的、重要的黑体字之外，还要注意总结那些不容易被注意到却同样容易被考到的零碎知识点，比如小字部分、实验设计之类的。下面是我自己在一轮复习基础的时候做的部分总结，希望能对大家有所帮助。

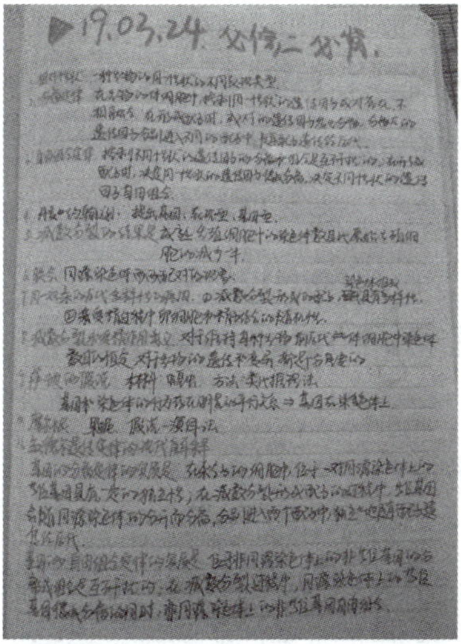

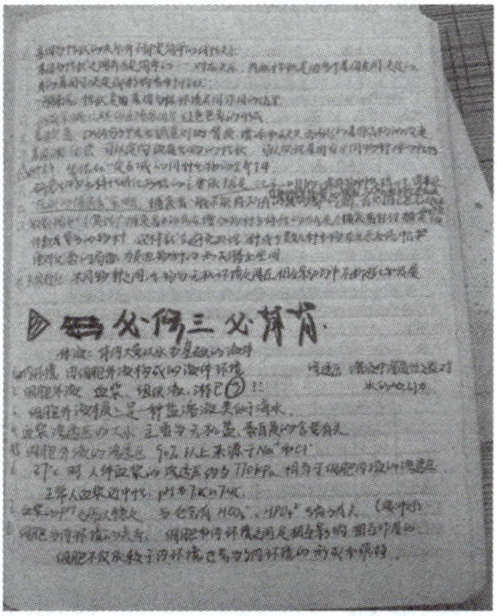

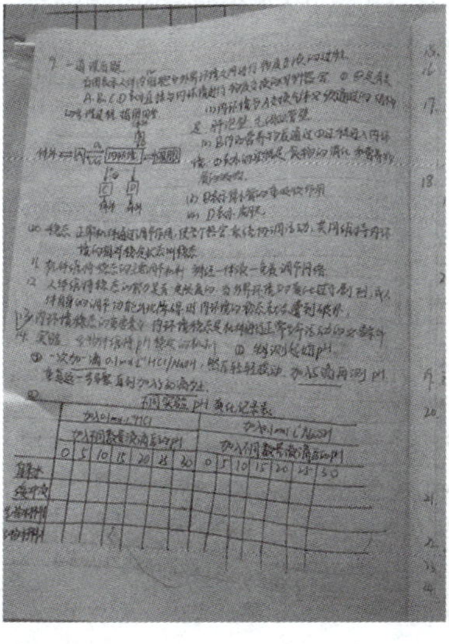

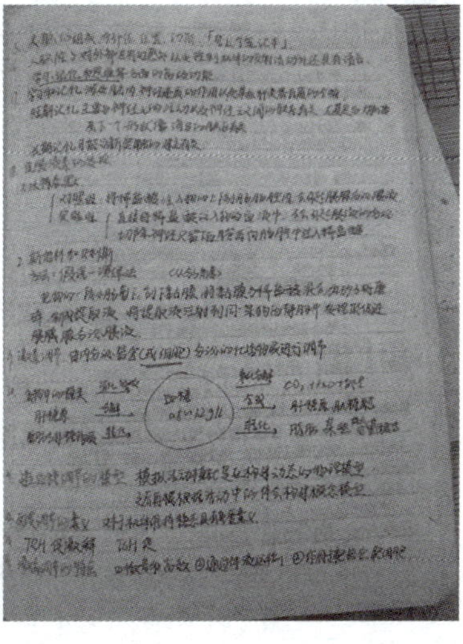

大家可以看到在我放出来的这几张总结里，除了那些黑体字、概念之外，还有实验的图表。我们可以看到，近几年图表题似乎有“重出江湖”的趋势，而在我们可以自己设计一个很全面的图表之前，要先对课本上的图表足够地了解和熟悉。课本上有许多实验涉及图表的设计，比如探究生物体维持 pH 稳定的机制等。同时，在总结和背诵知识点时一定要尽量细致，宁可备而不用，不可用而不备，导致不必要的失分。在这里，我来稍微罗列一些复习必修一时，在做题练习的过程中遇到过的知识点，仅供参考，还是希望大家可以自己去总结来加深印象。

必修一

1	蛋白质、脂肪、还原糖的鉴定试验：①斐林试剂和双缩脲试剂的使用方法（此处不再赘述）。②脂肪鉴定试验的实验流程（比较常考）：取材→切片→制片→观察。③蛋白质的鉴定实验中如果使用蛋清则需要先稀释，否则会因为反应不充分而造成浪费，且反应后试管不易清洗。反应现象应是由蓝色变成紫色的。注意一定是由蓝色（双缩脲试剂本身的颜色）而不是无色变成的。
2	蛋白质的作用。
3	核酸（作用）是细胞内携带遗传信息的物质，在生物体的遗传变异和蛋白质的生物合成中具有极其重要的作用。
4	观察 DNA 和 RNA 在细胞中的分布的实验。①原理：甲基绿和吡罗红两种染色剂对 DNA 和 RNA 的亲和力不同。②盐酸的作用：改变细胞膜的通透性，加速染色剂进入细胞，同时使染色质中的 DNA 与染色质分离，有利于 DNA 与染色剂结合。

5	糖类是主要的能源物质。
6	与糖类相似，组成脂质的化学元素主要是 C、H、O，有些脂质还含有 P 和 N，有所不同的是，脂质分子中氧的含量远远少于糖类，而氢的含量更多（课本原话，比较重要，会出选择和填空，可以作为为什么等物质的量脂肪完全氧化释放能量更多或为什么糖类是主要能源物质而脂肪是主要储能物质等问题的答案）。
7	课本 32 页各种脂质的作用。
8	课本 35 页自由水和结合水的作用。
9	细胞中大多数无机盐以离子形式存在，骨骼中钙以化合物（碳酸钙）的形式存在。
10	细胞膜的功能。
11	细胞间功能的协调性，不仅依赖于物质和能量的交换，也有赖于信息的交流（课本原话，比较重要）。
12	细胞间的信息交流，大多与细胞间的结构和功能有关（课本原话，比较重要）。
13	线粒体作用：使细胞进行有氧呼吸的主要场所，是细胞的动力车间。
14	叶绿体：是绿色植物能进行光合作用的细胞含有的细胞器，是进行光合作用的场所。
15	叶绿体的作用：是植物细胞的养料制造车间和能量转换站。
16	内质网：是细胞内蛋白质合成和加工以及脂质合成的车间。

17	高尔基体：对来自内质网的蛋白质进行加工分类和包装的车间及发送站（注意：“加工，分类和包装”的顺序不能变）。
18	核糖体：生产蛋白质的机器。
19	溶酶体：是细胞的消化车间。其内部含有多种水解酶，能分解衰老损伤的细胞器，吞噬并杀死侵入细胞的病毒和病菌。
20	液泡：调节植物细胞内的环境，使植物细胞保持坚挺。
21	细胞骨架的作用：与细胞运动，分裂，分化以及物质运输，能量转换信息传递等活动密切相关。 （像以上这些作用类的知识点如果考到，答题时一定要注意尽量与课本一致，高考在这方面扣分比较严）
22	在观察叶绿体的实验中，叶片要时刻保持有水状态。
23	生物膜系统的作用 49 页。
24	核仁：与某种 RNA 的合成和核糖体的形成有关。
25	核孔：实现核质之间频繁的物质交换和信息交流。
26	核膜（双层膜）：把核内物质和细胞质分开。
27	染色质：主要由 DNA 和蛋白质组成，DNA 是遗传信息的载体。
28	细胞核：是遗传信息库，是细胞代谢和遗传的控制中心。
29	生物膜结构的探究历程。
30	细胞代谢：细胞中每时每刻都进行着许多的化学反应，统称为细胞代谢。

31	脲酶会把尿素分解为氨和二氧化碳。
32	细胞呼吸的概念。
33	绿叶中色素的提取和分离实验。
34	化能合成作用：能够利用体外环境中某些无机物氧化时所释放的能量来制造有机物，这种合成作用叫作化能合成作用。
35	细胞有丝分裂的重要意义。
36	细胞分化的概念。
37	细胞分化的意义。
38	细胞凋亡的概念和意义。

我眼中的清华

清华的“软”和“硬”

进入了清华学习，学生的天职固然要紧，但身体是革命的本钱，咱们就先谈一谈生活。第一次真正踏入这个大园子，我最直观的感受就是学校之大，大到要一天才能转完校园。既然学校大，那么就得有完备的交通体系，我先来说一下清华杠杠的硬实力。

1. 清华之“行”

清华之大，覆压六千余亩，在“萌新”们探索清华的过程中，走路还是骑车倒无所谓，最令人窒息的却是“多歧路，今安在”的致命难题及诸如“我的车呢”的灵魂拷问。在茫茫车海中，想要一眼找到负责的保安大叔帮大家挪过位置的自己的小毛驴可谓难上加难。清华是一所自行车极其“泛滥”的学校，据说人均车辆高达2.5辆。对同学们来说，骑自行车并不是怕走路累，而是害怕赶不上十五分钟后的下一堂课。每每下课，都能享受在“钢铁洪流”之间穿行的速度与激情，谨慎与奔放。相信大部分男孩子来到清华后，学会的第一个技能就是骑车的时候放开握把、在校园纵横驰骋吧！同时，校园里还长期运营着内环、外环两条公交车线路，随叫随停，而且到各个标志性建筑都十分方便。“步行+骑车+公交车”，三位一体，构建了清华完整的校园学生交通系统，便利着你我他。

2. 清华之“食”

衣食住行分不开，接下来说一说世间最美好的字眼——吃。清华的食堂不是盖的，一是多，二是好吃，三是不贵。据不完全统计，清华食堂数目高达十九个，咖啡厅十五个，随之而来的又是另一个发人深省的灵魂拷问：“一会儿咱们去哪儿吃呀?”清华的食堂可以说是遍布学校的各个角落，或许你某一天在校园里四处游荡的时候，就会惊奇地发现一个从未进去过的餐厅。全国各地的美食汇聚于此，甜香的广东菜、巨好吃嘎嘣脆的油条、地道的东北猪肉粉条、各式各样的山西面食、形形色色“名厨进清华”保留的经典菜品，有喷香的清青小火锅，也有十五元物美价廉的自助餐以及皮儿入口即化、细嚼无渣的老北京烤鸭，定会有许多款美食能俘获学子们那无处安放的孤独心灵。好吃固然重要，但同时它又不贵，这让清华食堂这颗明珠更加耀眼，五块钱一大碟子的盖饭足以吃撑一个大老爷们儿，七块钱的滑蛋饭总是让人吃不完。最值得一提的就是每个食堂口味都不一样的麻辣香锅，明晃晃的锅里，翻滚的不只是诱人的香气，更有吃饭抢肉的畅快淋漓、同学谈心的暖人心田。可清华的食堂，带给我的不只是饭，更多的是感动。感动并不一定需要做多大的事情，有时候陌生人的一个简单行为都可以让我的内心为之颤动。无论是买二两打三两的米饭，还是餐厅大叔怕你饭太咸特意给你加的芝麻酱，还是打完饭后多加一块肉，都让我在这异乡找到一丝恍如回乡的温暖，如春风化雨，暖透我心。

3. 清华之“住”

住宿乃四年之大事，幸

福之地也，精神之所也，不可不察也。紫荆公寓六层高，不多也不少刚刚好，宿舍里面上床下桌，最为贴心的是环绕式的书桌，可以同时铺开数本资料，看书、学习、做作业的时候不用翻来覆去，微微转动身子就可以一览无余；两个宿舍共用一个足以挤进三十人的中厅，既可以一起做作业、讨论问题，又可以进行紧张而又刺激的桌游、促进感情，还给同学们提供了充足的储物空间；洗衣机、热水机、洗鞋机、洗澡间一应俱全，十分方便。每栋楼都有自己的爱心微波炉，只用一角钱就可以吃到热热的食物，无论是楼道里还是楼长室都有各种日常药品供同学们自行取用，还配备了危急时刻可以救人一命的 AED 除颤仪。每栋楼下自行车们的小窝也是规划好的，不用害怕因为找不到自己的车而迟到，清华和其他北方大学相比还有一个特殊的地方，清华的供暖比其他地方早一周，学子们享受着和北京动物园一样的高级待遇。南区宿舍的上床台阶十分友好，地下还有健身房，可以让同学们在学习之余锻炼身体、放松心情。楼管阿姨细心地教导着我们在宿舍方方面面的注意事项，楼委会帮助同学们保修一切设施问题，每周四检查宿舍卫生，让大学宿舍远离脏乱差，搬水叔叔们贴心地把水送到宿舍门口，清洁工们细心地打扫每一个角落，做好一切后勤的保障。一切的一切，都让我感觉我住进的不只是一个宿舍，更是一个团结一心的大家庭，大家都在努力，努力让自己变得更好，努力让这个由东南西北、五湖四海的学子们组合起来的宿舍、楼层、单元更加舒心，更加融洽，更加温暖。

4. 清华之“硬”

“无体育，不清华”，体育可以说是清华最闪亮的名片之一。体育已经成为清华的一个优良传统，它已经成了清华生活不可缺席的一个组成部分，同学们更是以戏谑的方式将母校称作“五道口体校”。但是说出这句话的时候，我们心里更多的是感到骄傲，是要为祖国健康工作五十年的承诺。同学们笑称“东海苍苍，西山茫茫，吾校庄严，四个操场”，其实这是在说清华的体育设施很完善，有支持跳水的室内泳池陈明游泳馆，又有室外的西湖泳池；有打羽毛球、乒乓球的气膜馆，也有室外健身器械和健身房；有超级多的篮球场、小足球场，还有网球场、台球馆、射击馆。而且各项体育运动都可以选择相应的体育课进行加强训练。

体育锻炼曾经有民族倔强的印记，清华曾作为“留美预备学校”，马约翰先生曾说过：“被派送的学生在身体方面也应该像样一点。”著名的文学教授吴宓在校读书时，功课全是优等，但跳远不及格，被马约翰先生“扣留”，半年后补试及格方准予出国；著名科学家钱伟长，刚入学时身高只有一米四九，体重不到五十公斤，在马约翰的督促下，他成为清华著名的中长跑运动员；著名的建筑学家梁思成晚年经常笑着和后辈打趣：“别看我现在又驼又瘸，当年可是马约翰先生的好学生，有名的足球健将，在全校运动会上得过跳高第一名……我非常感谢马约翰先生。想当年如果没有一个好身体，怎么搞野外调查？在学校中单双杠和爬绳的训练，使我后来在测绘古建筑时，爬梁上柱攀登自如。”

马约翰先生为了提高学

生们的身体素质，严格地落实了当时清华“强迫运动”的政策，每天下午他总会拿个小本本转校园，为的不是记名、给处分，而是动之以情、晓之以理，费尽心思劝说学生们来参加体育锻炼，以便将来更好地为祖国服务，正如马老在其硕士学位毕业论文《体育的迁移价值》中阐述的：“体育运动的教育价值，不只限于运动场上，而且能够影响整个社会。”马老超前的体育教育观念，无时无刻不影响着一代代清华人、一批批清华魂。而且他倡导体育锻炼方式多样化，并以科学、健康的方式引导同学们进行各式各样体育活动的学习，马老结合自己一生所学所感，编排了上百套活泼流畅又能显著提高体质的徒手操，推行了赛跑、跳跃、器械、球类等基本技术，既激发了学生们的兴趣，又起到了锻炼身体的功效。同时，马老对学生的要求十分严格且合理，新生一入学，马老就有一个总的安排，制订出计划，什么时候练什么项目，什么时候检查身体，成绩差的如何跟上去，成绩好的如何提高，都有通盘考虑，并将每一位同学都纳入这一体系，科学地加以训练，确保一个都不掉队。“动是健康的泉源”，马老强调动起来，带动了清华人的身体，更带动了清华人的大脑、清华人的精神。从 1914 年到 1966 年逝世，马约翰教授为清华健康工作了五十二年，从助教逐步升为教授，再到担任清华大学体育部主任，他为清华体育事业奉献了一生的精力。2017 年，清华又恢复了“不会游泳不能毕业”的校规，既是对学生生命安全的保障，又为学生提供了另一种生活方式。蒋南翔校长号召清华学子：“把身体锻炼好，以便向马约翰先生看齐，同马约翰先生竞争，争取至少为祖国健康地工作五十年。”到现在这句话精简成“为祖国健康工作五十年”的铮铮誓言，悬在清华大学东大操场楼上，提醒着每一位清华人，牢记体育锻炼，是为了自己，更是为了生我、养我、保护我的亲爱的祖国。

5. 清华之环境

清华大学为同学们的学习创造了十分良好的环境，每天看到主楼前、大礼堂旁的五星红旗升起，每天穿行在这个被当作景点的校园，都让每个清华人能以更加积极饱满的热情投入学习、科研中去。亲民的第一教学楼到第六教学楼承包了大部分课程，翻新的第四教学楼更是以其智能设备与建筑美学的完美结合成为网红教学楼；图书馆的主体是由 1912 年建造的老馆、被评为“二十世纪九十年代北京十大建筑”之一的逸夫馆和 2016 年落成的李文正馆，三者连为一体，展现了中华民族追求的和谐美，此外还有文科图书馆、法律图书馆、专业性的图书馆等供同学们选择；各个系的系馆，比如新旧水利馆、罗姆楼、建馆甚至可以通宵达旦，还有历久弥新的清华学堂、一不小心就会在其中迷路的李兆基科技大楼等，无数学习的圣地向同学们开放着，为“学习到天亮”创下了坚实的物质基础，为同学们抚平躁动的尚学之心提供了康庄大道。

6. 清华之“软”

清华的硬件设施十分完善，但与之相比，更加完善、更加贴心的是清华的软文化与软实力。

这钟灵毓秀、人杰地灵的水木之地，一直秉持着“自强不息，厚德载物”的校训。这一校训出自中华“五经”之一《周易》中的“天行健，君子以自强不息；地势坤，君子以厚德载物”。清华校园中处处能感觉到这一校训带来的影响。所谓“自强”，就是自己奋发努力，自我勉励，奋发图强。《霸王别姬》中有句台词：“人总要自个儿成全自个儿。”我认为，这就是对自强最佳的解释。它是热爱生命、相信未来，对美好明天抱有无比热情的憧憬；它是奋发进取、无畏向前，在来临的狂风骤雨面前仍傲然挺立；它是滴自己的汗，吃自己的饭，自己的事情自己办，不靠天不靠地，靠自己的双手打下一片天。“不息”的字面意思就是永不停息，不息的，既有清华人永不停止的锻炼，也有清华人在探索新世界征程上不停歇的步伐，还有清华人追求完美、追求极致的向阳生长的心。纵使成长路上千般困难，我们也会一如既往地坚持下去，因为我们坚信：“成功的路上并不拥挤，因为坚持的人不多。”厚德载物，关乎着中华民族主流文化的核心——“仁”。自强不息使我们拥有才，而在当今社会，有才无德的人不能健康成长，这就像先人们要求他们自己一般要求我们必须德才兼备、德艺双馨。为人须君子，要像大地一样能够承载万物、包容万物、生长万物。有才有德者，才能真正承担大任，成就大事。“自强不息，厚德载物”短短八个字，承载了清华百年传承的精神，承载了无数君子修身养性、齐家治国平天下的伟大梦想，也承载了中华民族五千年薪火相传的道德情操。

清华大学因“行胜于言”的校风而不断前行。清华大学1920级校友捐赠的日晷矗立在大礼堂门前，它上面刻着梅贻琦校长说过的四个字——“行胜于言”。行胜于言并不只是说行动胜过言语，也不是不言，而是言出必有果，以行证言，正如林鸿于《饮酒》一诗中所言：“一语不能践，万卷徒空虚。”空言是我们应该抵制的东西。劳动创造世界，实干才能兴邦，若如魏晋名士般坐而论道、侃侃而谈，国家只会要么受到敌国外患侵扰，要么出现民不聊生的内乱，何以立国！言是理论而行是实践，言是唯心而行是唯物，二者必须相互结合，以辩证的态度来看、来融合，才能体味“行胜于言”四字中博大精深的内涵。

“中西融会，古今贯通，文理渗透”十二个字蕴含了无数仁人志士对学子们的殷切期盼，更指明了一条中国式的人才培养之道。例如，老清华社会科学院就有许多来自海内外的著名学者，他们有悠远深沉的国学底蕴，有吸收严谨求实的西方学说，既能博古，又可通今，在艰难困苦中他们艰苦创业，为清华的这门学科夯实了基础。现在新清华人依旧坚持这一办学风格，如今，学生要学习写作与沟通等多门通识课，这既是对学生全面发展的综合培养，也是对文化的传承。作为中国最著名的综合性大学之一，清华一直践行着这一办学风格，我们学习古人的智慧，借鉴西方的文化，融会文理的优势，面向今天，面向未来，做一流的研究，造就一流的学问家，成一流的大事业！

在这一理念的办学风格下，清华培养出了无数“又红又专，全面发展”的社会主义建设者。“红”是革命红，也是中国红，红是拥有坚定的革命信念，拥有坚定的政治立场，坚决拥护党的领导，坚决投身我国建设；“专”是掌握专业的核心技能，成为行业的内行、能手、精英、领头羊，能够在自己投身的领域里有所作为，在“红”的基础上能够为国家、为民族做出更为重要、更有意义的贡献，把自己点燃，为照亮共和国的前路奉献出最闪亮的我。十四位两弹元勋都曾在清华就读或任教，在清华园里度过了自己的青葱岁月，他们用一生铸就了共和国的脊梁，他们的精神、担当，清华人永远刻在心里。

7. 学习压力

清华的学习压力比较大，课程强度相对来说也比较大，老师在同学们上课之前都会把相应的课件发下去并提醒同学们预习，因此讲课比较快，这就要求同学们带着问题去听课，努力跟上老师们的节奏，保障课上效率；课程的作业相对来说也比较多，可以极大地充实大学生活，同样也保证了同学们会有夯实的基础，为今后进一步学习、研究做准备。大学生活与高中不同，需要同学们能够在学习、生活、学生组织三者之间找到平衡，根据个人发展方向有所侧重，不然就可能出现顾此失彼、手忙脚乱的现象。

在清华学习，承受压力，砥砺前行，感受着老一辈的期盼，心里有的只是无穷的动力，加油，你一定会遇见一个更好的自己。

我在清华等你

亲爱的学弟学妹们：

大家好！

很荣幸能在这里跟大家分享我的学习经历，接下来我想从以下几点来跟大家做一些分享，希望能对大家有所帮助。

第一点是新鲜感。初入高三，我们可能会觉得“这决定命运的一年终于来了，我一定要努力，要改变，要做更好的自己”，我们可能会发现身边的同学好像都开始用功了，下课后教室里也不再有人四处走动，大家去吃饭都开始用跑的，不肯放过一分一秒。可随着时间的流逝，新鲜感逐渐淡去，许多人便又恢复到之前的状态，觉得高三不也就这样嘛。但是，如果我们可以把这种新鲜感一直保持下去，把这种学习的心劲和态度一直延续下去，那么我们的高三生活就会更加高效地度过。

第二点是坚持。其实，保持新鲜感，主要靠坚持。跟大家分享一句话：“坚持，不是登上一座高不见顶的高山，而是在漫漫长路上始终不停下脚步。”在我看来，高三不是一座难以翻越的山，相反，可能它更像是一条漫漫长路，周复一周地上着一样的课，日复一日地早起早读、吃饭刷题，每天教室、餐厅、宿舍三点一线。能让我们在这条路上一直走下去的，便是坚持。

高三，是千军万马过独木桥，在这条路上，只要我们能够踏踏实实地走好每一步，最后的结果一定不会辜负我们的努力和坚持。我们可以打这样一个比方，将高三比作一条延伸不断的路，在路的两旁依次标着各式路标，由近到远：三本、二本、一本、“211”“985”……而我们在这条路上所走的长度决定了我们所要去的大学。在这条路上每个人奔跑的速度可能会不一样，但是我们尽自己的努力坚持到最后便是最好的结果。

那么，我们怎样才能做到坚持呢？在我看来，坚持从来不是一件长期的事情，相反，它是一个短暂性动词，坚持是一瞬间的事情，它只发生在我们想要放弃的那一瞬。做到坚持，只需要我们在每次想要放弃的时候告诉自己，再坚持一次，最后一次。每一次短暂的坚持连接起来，便可以支撑我们走完高三的旅程。同时，坚持还要靠目标。

第三点是目标。坚持的道路上能给我们力量的便是我们的目标。关于目标，我要讲的可以总结为一句话：“要立大目标，也不立大目标。”这两个“大”的意义并不相同。

“要立大目标”，是说我们定目标时不能根据目前的学习水平来定，而应该在现有水平上给自己留有一定的努力空间，让自己有努力的劲头。而“不立大目标”这一句，我想传达给大家的是我们要把目标细化，实现目标的满足感可以支撑着我们不放弃。山田本一在他的自传中这么说：“每次比赛之前，我都要乘车把比赛的线路仔细看一遍，并把沿途比较醒目的标志画下来，比如第一个标志是银行，第二个标志是一棵大树，第三个标志是一座红房子……这样一直画到赛程的终点。比赛开始后，我就以百米冲刺的速度奋力向第一个目标冲去，等到达第一个目标，我又以同样的速度向第二个目标冲去。四十几千米的赛程，就被我分解成这么几个小目标轻松地跑完了。起初，我并不懂这样的道理，常常把我的目标定在四十千米以外终点的那面旗帜上，结果我跑到十几千米时就疲惫不堪了。我被前面那段遥远的路程给吓倒了。”当目标被清晰地分解了，目标的激励作用就显现出来了，当我们实现了一个小目标的时候，我们就及时地得到了一个正面激励，这对于培养我们挑战目标的信心的作用是非常巨大的！

关于实现目标，我想给大家提示一个误区。有目标来每天激励自己固然好，但是我们也不能时时刻刻都想着我们的目标，让它占据了我们付诸行动的时间。还是把高三的学习比作行路，如果我们只是整天盯着目标看而不赶路的话，目标便成了我们前进的绊脚石，倒不如不要目标，只管埋头赶路。也许当我们走过一段时间后，突然抬头就会发现我们已然到达目的地。之所以跟大家提这个误区，是因为我在高三时便犯过这样的错误。有一段时间我只想着要实现目标却忽视了行动，导致成绩下滑。

第四点是心态。高三好比是一条比较漫长的道路，我们要低头奋战三百多个日日夜夜，而保持良好的心态可以提高我们的学习效率，为我们的高三生活保驾护航。接下来我来跟大家讲一下如何保持良好的心态。我并不是那种一直名列前茅的学生，在高三全年并不是清华、北大的目标生。保持良好的心态，是我能在高三最后取得胜利的一个不可或缺的因素。在刚入高三时，有很严重的考试焦虑症，这真的很影响考试，因此调节考试焦虑至关重要。第一点是希望大家能够随时进入考试的状态，不仅仅是把平时的小考当高考，还要把平时的练习也当作高考，哪怕只是做一道题。如果我们不能有效地化解紧张，那么我们要做的就是适应，习惯紧张，把紧张常态化。在考试过后，面对不尽如人意的成绩，我们也不能一味地沉浸在悲伤之中，而应该在短暂的悲伤之后尽快振作起来，针对试卷分析自己的问题，即使没有考好，也不能放弃希望，要一直相信自己可以。在高三时我的成绩就算是滑到班级倒数第十一名，我也依然相信自己可以变好，相信自己的真实水平。而将紧张常态化给了我把高考当作平常考试的能力和勇气。总而言之，就是在高中的学习生活中，一定要做到“紧张而不焦虑，放松而不轻视”，保持好心态的平衡。

第五点是学习态度。学习要走心。什么是走心？即用心思考，不是停留在表面。举个例子，高中有个同学我叫他老王，他每天早上都是第一个进教室，晚上最后一个离开，可是他成绩却没眼儿看。我也很奇怪，他也总是向我抱怨自己成绩提不上去，后来我观察了他一天，发现他虽然很早就进教室，进来后做的却是照照镜子、翻翻课本。早读开始，拿着书读了十分钟，然后脖子就扶不住头了，半梦半醒地度过早读。上午前两节课，和早读一个模样。午休时间，为了显示自己好学刻苦，他从来不休息，然后到了下午前两节课又困得没办法。自习课，看看这翻翻那，一节课只做了三四道题目。他还经常在我面前表现出自己很努力很刻苦的样子，我侧面劝过他，可他始终认为他的努力感动到了自己，我也只能一笑而过。这里面很重要的一点就是效率，有的人看起来大部分时间都在玩耍，其实他认真学习的时候就很专注高效。认真把课听好，把作业做好，该玩的时候就玩，劳逸结合。不要总觉得一天十多个小时都在教室埋头苦干才有一种心理满足感，那只是给自己的心理安慰。

最后一点是一些行动和学习方法。行动是构筑梦想和现实之间桥梁最有力的工具。在这里，我把我高三时一些好的学习方法总结了一下，希望对大家有所帮助。

对于基础较薄弱的同学，首要的便是夯实基础了。基础薄弱的话就要对自己的学习进程有所安排，不能被别的同学带节奏。平常不要跟着同学一味地刷题，而要先把课本知识巩固好。但也并不是说就不要刷题，通过适当的刷题把自己的错题找出来，找出错误原因并比对出相应的知识点，进行复习并确定已经掌握了该知识点后，再找一些相关的题目进行巩固练习。除了通过做题发现问题之外，还要注意对课本的整体回归，将课本内容掌握透彻。对于像数学、物理这样难度较大的学科，一定不能急于求成，要根据自身特点，从基础题练起，做到小题不失分，大题能得分。在数学、物理试题中，80% 以上都是大家可以得分的基础题，大家失分的原因很大程度上并不是不会，而是粗心或是对题意理解不清。所以，对于基础薄弱的同学，能够在基础题上多加练习，在高考前能够做到基础题不失分，就可以获得一个非常满意的分数了。保持了基础题的得分率之后，对难度较高的、在高考中起到筛选作用的题目稍加练习，做到能得到分，不拿零分就可以。与此同时，基础薄弱的同学在学习过程中一定要注意良好心态的保持，切不可因为自己暂时的落后而感到自卑，更不可抱着自暴自弃的心理。你们要相信，乾坤未定，你我皆是黑马。不要因为成绩不理想就害怕老师，不敢问老师问题。正是因为我们暂时落后于人，我们才更要去接近老师，请求老师帮助我们分析问题，并指引我们去解决问题。

对于成绩中等、遇到学习“瓶颈”的同学，这个时候大家会觉得成绩提高变得很难，似乎怎么刷题成绩的提升都不明显。在“瓶颈”期的大家也都不要着急，要认真分析卡在“瓶颈”的原因是什么，越是难以攻克的时段，我们越要沉下心来。如果某些知识点实在搞不懂，就不要继续刷题了，应该静下心来仔细琢磨，加深理解。实在攻克不了的也不要吊死在一棵树上，绕过这个问题在别的地方寻找提升。

接下来是一些我觉得很有效的学习方法，对各阶段的同学都是有用的。当然，学习方法仅供参考，大家最好还是自行摸索。

第一，我觉得最有效的一点是改错。因为错题正是我们所欠缺的、所不会的。刷题除了可以巩固已会的知识点之外，在我看来，最重要的目的是发现不足。一份试卷，如果我们做完后只是看一眼分数而不去改正错误的话，那么这份试卷可以说是白做了。高考完之后我曾给一些学弟学妹做过辅导，每次讲完题之后他们也进行了改错和对错题的回顾，然而在四五天后我把他们的错题揪出来让他们重新做，结果他们还是有许多不会的地方。这就说明改错绝对不是一遍就可以解决的事情。在做完一套试卷后，我们应该先找出错题，并分析我们做错的原因，是粗心还是不会。如果是粗心，那么下次一定要注意，如果是不会，那就要搞清楚这个题所对应的知识点，对这个知识点进行较深入的复习。我建议（仅供参考，学习方法需要摸索适合自己的）大家可以做各科的错题本，将错题总结起来，平时没事可以翻看一下，来加深印象。随着我们对错题的总结，我们掌握的知识点越来越多，那么我们错的题就会越来越少，这样我们就是在进步了。

第二点是听课，这一点也同样重要。老师上课讲的内容一般都是重点、难点、易错点。在我们身边可能会有这样的同学，平时下课玩得非常开心，假期也一直在玩，学习成绩却稳稳地排在班级前列。我们不难发现，像这样的同学，不管他们上一秒在干什么，当老师开始讲课时，他们一定能迅速停下手头一切活动专心听讲。反观一些同学，上课不听，下课却花几倍的时间去弥补上课的45分钟，事倍功半。有些基础较好的同学可能会觉得“老师讲的我都会”，因而不去听课，其实即使你会了，通过听讲，一方面可以巩固知识，另一方面，从老师的思路里你或许可以听到更好的解题方法。因此，上课一定要认真地听讲。

第三点是自习。上了高三，许多学校会给同学们留出比高一、高二更长的时间去自习。自习是我们沉淀一天所学的重要过程。通过每天的自习，同学们要对所学的知识进行理解和内化。那么如何利用好自习时间，使我们每天的自习更加高效呢？首先，在每天的自习时间开始前，我们要安排好当天的自习任务，最好可以精确到什么时间点干什么事情，给自己规定好任务量，保证每天的自习可以按时按量地高效完成任务。其次要选好自习时的地点，能在图书馆和教室就不要在宿舍和家里。宿舍和家里有零食有床，是划水的好地方。那么我们每天的自习都应该安排些什么内容呢？第一步，回顾一下今日所学，内化沉淀今日所学的知识点。这一部分可以通过做与今日所学知识点相关的题目和回顾当日的例题错题来完成。第二步，预习第二天要学习的内容。做好计划表之后一定要按时按量地去完成，如果当天没有完成自习计划，可以相应地给自己一些惩罚，不可得过且过。

最后一个也是很重要的一点就是要注重和老师的交流。老师是除我们外对我们的学习状况最为了解的人，多和老师交流，能让我们更加了解我们的学习现状，从而合理规划我们的学习进程。老师能以更高的视角分析我们在学习生活中存在的问题，帮助我们在进步的道路上走得更稳。当我们在学习中碰到问题时，一定要及时地向老师请教，不要不好意思或者害怕老师责怪。每个老师都盼着自己的学生越来越好，当我们把自己的问题暴露出来之后，便能让老师了解我们的问题从而给予解答。并且当我们通过向老师求助解决问题之后，我们对题目的印象会更加深刻。因此，要学会及时向老师请教，暴露自己的问题，学会和老师合作。

最后，我想给学弟学妹们一点建议。高中的生活绝不只是学习，我们也要学会劳逸结合，而不只是埋头死学。即使是在高三，我们也要留出时间来生活，去做自己喜欢的事情。不要让生活变得枯燥，而应让每一天都充满惊喜，这样就算你被压力压倒、喘不过气时，你心里也会有你所热爱的事物支撑着你，会有你所向往的远方引领着你。你不会感到孤单，因为当你环顾四周时你会发现，有这么多的人在和你一同战斗，他们都在努力奔跑，前进的路上，有他们陪你。

最后的最后，送给大家一首小诗，也希望大家铭记：乾坤未定，你我皆是黑马。

如果你考得很好
其实我不太敢恭喜你
因为在雨中
幸而有伞的人
往往会走得很慢

如果你考得不好
不要绝食
不要跳楼
但要保持愤怒
保持对未来的恐慌
没有伞的孩子
一定更会努力奔跑

我们一生会经历许多改变命运的事
但命运
始终是掌握在自己手里的

生活会辜负努力的人
但不会辜负
一直努力的人

不要高估了高考
不要低估了自己

未来你会遇到许多美好的人和事
前方阳光万里
路边鲜花怒放
只要你愿意
你要的未来
就在不远处等你

马雯婷

清华大学

学区	安徽合肥
语文	117
数学	134
英语	149
理综	280
总分	680

故事的结局总是好的，如果不好，那一定是还没有走到最后。

粗心是
不可饶恕的错误

第
04
章

不知道多少同学和我一样有过相似的经历：参加一门考试，全程自我感觉良好，等发回试卷后，却惨不忍睹——这里漏看了单位，那里抄错了数字。明明没有一道题不会写，但粗心大意依然让自己吃尽苦头。

最糟糕的是，许多同学也像曾经的我一样，不把因粗心犯的错当回事。“这题是粗心了”可以用来搪塞父母、老师的诘问，也可以作为自己不认真对待这道错题的底气十足的理由。一次，在我又嬉皮笑脸地跟物理老师说“我只是粗心了”时，物理老师板起脸，严肃地跟我说：“粗心是最不可饶恕的错误。”

而高三一年，我用行动上的改变证明了这句话的正确性。

一 错题整理

高三的第一个改变，是我的错题本里不仅有因“考到知识盲区”而记录下来的错题，还包括每一个因粗心犯下的错。当然，每次回顾起这部分错题，乍一看都会觉得没有什么价值，因为“我已经知道我怎么错的了，再做一次我一定不可能做错，毕竟又不是不会”。但忽略这些错题的代价，往往是老师把一个相同的坑变了个形，我就又义无反顾地栽了进去。

因此，整理因粗心而做错的题时，我觉得最重要的就是提炼出这种“粗心”的普遍性。整理错题，绝不是抄完题目抄答案再抄标准答案上的解析就完事了，你需要先放下笔，盯着这道题回忆自己当时是顺着哪条线想才写出这个错误答案的；如果想第一次看见这道题就写出正确答案，则需要顺着怎样的思路思考；这两条思路之间，究竟在哪一步开始出现差异，而这种差异是不是有普遍性呢？试着提炼出一条可以脱离这道题目的情境本身而成立的、值得自己注意的做题要点。

为什么要追求从错题里抽象提炼出有普遍性的经验教训？首先，只有这样，你才能找到粗心的“病灶”所在。于许多同学来说，粗心是个筐，啥都往里装。但你这么草率地一归类，就很容易忽略这个“粗心”错误背后暴露的学习中更严重的漏洞。事实上，粗心的背后往往是对于某一个知识点，你自以为已经掌握得很熟练，但其实依然有疏漏和模糊之处。只有通过回顾做题思路，“揪出”这个漏洞，并且用你自己的语言把它总结好，明明白白地写在错题本上时，它才会引起你充分的重视。

我认为一个好的错题本一定是自己写出来的，而不是抄出来的。这就像当你看见一幅画并受到触动，却并不能分辨此时内心涌动的情感；而一个优秀的作家却能细腻生动地表达出自己当下的感动，使读者看了发出“就是这种情感”的认同和赞叹——这就是读者与作家的区别所在。写下来的东西是明晰的、是被强调的，是可以长久保存的。而如果你不把内心这种朦胧的触动写下来，它终将逐渐褪色、消逝、被你遗忘，从某种程度上可以说，你的触动根本就不曾存在过。只有把理解的东西用自己的语言写下来，它才能成形，才真正存在。回到学习的情境里说，只有能用自己的语言复述知识点，才算是真正地理解。

其次，提炼一条有普适性的关于这个粗心错误的教训，可以使你在复习回顾时并不需要从头开始：不需要重新读这道错题及它的选项，把这道题从头再做一遍——你心里明白，这道题的80%你都已经熟练掌握了，只是因为区区20%犯了错。那么，在有限的复习时间里，事实上你只需要巩固那20%的薄弱部分就可以了。因此，把一整道又臭又长的题目提炼成一句关键的经验教训，可以极大地节省你宝贵的复习时间。

二 铭记教训

我高三一整年的错题本只有一个普通练习本的厚度。在这本错题本里，化学和生物的每一章节平均只占据了1~2页纸的篇幅——每一行都只有一句话，每一行都是从至少一道错题里提炼出的、回归到课本知识点上的我的薄弱和易忽略之处。

它被我翻得已经有些破烂——每次大考小考之前，只要心里没底，我就会把它掏出来临时抱佛脚。二模理综的前一天晚上，我没做别的，单单举着这个小本子在房间里边散步边读，就这样度过了一晚上。高三一年，我不知道像这样把它从头到尾翻了多少遍。

也正因这样，我逐渐对自己容易犯的粗心错误变得不能再熟悉了，以至于考试时可以形成条件反射——读到题目，就想起错题本里记了与这个知识点相关的易粗心的地方。如此，我终于做到了粗心的错误不反复再犯。并且，在对粗心错误给予额外关注并认真总结的过程中，我不知不觉养成了比从前更严谨细心的读题习惯和思考习惯。

总的来说，除了及时记录教训，通过反复的回顾与思考来牢记教训也同等重要。事实上，如果你能从现在开始，养成认真记录粗心错误并定期回顾的习惯，相信等到高考之时，你就能有充足的“错误”储备，足以让你面对出题人挖的坑时游刃有余。

三

别把疑惑留到明天

我曾经是一个学习上很被动的人。什么叫被动学习？就是老师说，我听；老师命令，我做。但除去老师的要求之外，我不会为了学习主动做其他事情：举手发言、题目之外的思考与拓展、讨论、向老师提问等。这些，我曾经都不愿意做。这不代表我在听课时不曾产生疑惑，但我总是抱有侥幸心理，觉得这些偶然产生的、细小到微不足道的，甚至近乎钻牛角尖的问题，整体上根本不会影响我的学业表现。更重要的是，我也曾向老师提问过，但老师的解答让我觉得自己问了一个愚蠢的问题，如果是当堂提问，可能还伴有同学们的哂笑。自此以后，这种羞耻感在我每次犹豫着要不要向老师提问时都会萦绕于心头，比起这一切，袖手旁观远远要轻松得多。

我想，有相似心理的人应该还不少。许多人的高中课堂都是老师问“有没有什么问题”时便陷入沉默的课堂，而当我与朋友对一个问题抱有相同疑惑时，我们会陷入拼命怂恿对方而非自己去问老师的无限循环里。

好在我逐渐意识到，想要在高考中具备充足的竞争力，你绝不能把今天产生的疑惑留到明天。如果你对于作业、考试或者课堂内容有任何的、哪怕再细微不过的疑惑，别犹豫，你应当习惯并且乐于请教老师或与水平更高的同学探讨。

因为，首先，你的疑惑可能很关键。你应当知道的是，如果想要在高考中取得好成绩，你的水平可以比你的老师甚至部分教辅材料还要高。因此，高中学习中，你的老师犯错，或是标准答案犯错是完全可能甚至并不偶然的事件。永远别对标准答案和老师报以百分百的信任，忠于你的直觉，如果与自己的判断不符合，提出来终归有益无害。

在高三一次作业评讲中，有一道涉及化学工艺流程中一个硫反应的小题。我与标准答案的结果不同，我很信任且认为水平很高的化学老师对这题给出的解释和参考答案一致——他甚至并没有把这道题当回事，因为错的人并不多。但我即使读了答案解析、听了老师的分析以后，心中的疑惑还是没有得到解决，我认为自己的答案依然是合理的。于是我下课后去找化学老师解答，老师一开始甚至很惊讶：“啊？这题你还能错？”但当我说出我对题目的理解后，化学老师又重新阅读了一遍题目，然后说：“我觉得你想得对。我评讲作业时也是参考标准答案来的，因此没有考虑超出答案解析之外的问题。”我为自己把这个问题问出口而感到庆幸，因为在那个情境里，仿佛所有人都在质疑你对知识点的理解。如果我不去提出这个问题，我可能会开始对自己对这个知识点的理解打上一个问号，当下次遇到与这个知识点相关的题目时，我会想到之前这题做错了，而我还不知道是哪里出了问题，因而对新的题目犹疑不决。而现在，我得到了回复：我是对的，我没有错。这不仅增加了我的信心，更通过受到肯定的方式巩固了我对知识点的理解。

即使问出了你的疑惑以后，发现它很愚蠢或只是你理解错了题意，那也总比没问强。毕竟如果是后者，你将带着这个愚蠢或错误的疑问一路到高考考场上，代价远比在老师办公室里脸皮挂不住更惨痛。更重要的是，这根本无伤大雅，从中学一路到大学，老师最担心的往往是一点问题都不提出来的学生。说句无关紧要的，大学校园里是个更鼓励勇于提问的学习环境，很多时候不管学生提出怎样的问题，老师给出的第一句回应总是“这是个好问题”。

在更多情况下，如果你不把问题说出口，你永远不会发现许多同学也有着相同的疑问。考点是人创造的，题目是人出的，考试不过是与出卷老师的博弈。今天你的模糊细碎的疑惑，也许明天就会被出卷老师发现出在题目里，能否赢得先机，就在于你面对疑难点的主动性上。

是的，到头来，这一切都关乎主动性——从初中到高中，再到大学的成长过程，很大程度上就是将支配生活的权力从父母手中一步步让渡到自己手中的过程。而有疑惑却不敢去问、想随它去、想唯参考答案是从的做法，是对自己不负责的体现。You are defined by your choices.很多时候，选择被动会给自己消极的反馈，从而影响你在学习生活中的精神面貌。具体来说，学习一定要懂得趁热打铁——趁着自己对这个疑惑的探究兴趣高昂的时候去解决它，在最恰当的时机完成任务。留到以后，往往还需要重温这个疑惑产生的情境才能提出疑问并深入探究。

最后，无论是文科生还是理科生，对你们而言，提问与解答、讨论与争辩都是最能训练思维的过程，因而要经常进行。高三那年，几乎每天的放学路上，我都是在与同学就某道题目进行争辩中度过的，它可能来自课堂中的疑惑，可能来自考完试对答案时的不一致，每个人都试图说服对方。而正如我之前所说的，这样把自己的见解明明白白地陈述出来让他人理解（或信服）的过程，其实不断巩固了我们所学知识、训练了我们的逻辑思维。另外，正是在这样火星四溅的争辩中，我得以了解其他同学的解题思路与学习方法，得以借他们之口注意到之前有所疏漏的知识点。

高一、高二的我年级排名在第十名上下，看似不错，却一直没法达成年级第一的心愿；在高三，我终于能达成这一心愿。如果说高三这年，我做出了什么改变的话，那就是更执着于细节。以上这些习惯的改变，体现在卷面上，可能只是几分的差别，对从成绩中上游向拔尖的蜕变而言，却至关重要。注意细节，意味着拒绝失去每一分应得的分，正是这种锱铢必较地从边边角角得分的追求，让我得以逐渐超过那些数理基础扎实、思维敏捷的竞赛生，走到年级前列。

时刻保持住学习的热情

第05章

各行各业里，热情都是做出非凡成绩的必要条件，作为学生更不会例外。高中三年，我们谈主动性、谈自觉性、谈心态，这些对于一个把学习当作爱好与主心骨的人来说，都不成太大问题。可事实是，学习本身包括了一系列并不让人喜爱的因素——考试失利、过量作业、同龄压力……而生活中则充满让人沉迷的干扰项。对学习说一句喜欢，远非想象中那么容易。

一 时间管理是保持学习热情的原动力

学习热情一定是来自积极的反馈。当你觉得学习生活中无法收到太多积极反馈时，不如试着进行时间管理——通过制订时间规划为自己定下一系列小目标，在按部就班地达成目标的过程中获得对生活的掌控感，从而收获学习热情。

高中生活的时间规划，从时间跨度上可以划分为日际规划、学期规划和假期规划。对于不同时间跨度，管理时间的目标不同，因而策略也有所不同。

（一）日际规划

如果你注意观察自己和身边同学的生活，不知道以下这些场景对你来说是否有些熟悉。

课堂上，老师正在反复强调他正在讲解的知识点的重要性——你也知道它很重要，因为你也时常在这个知识点上犯错。但是你没法集中注意力听讲，因为今晚要去的辅导班的作业你还没有完成。铃响下课，周围同学还在就课上的疑惑争论不休，你手上的动作却没停，依然一刻也不懈怠地做着面前的作业，心底不觉泛起又落后周围同学一堂课的焦虑。尽管自己在一刻不停地学习，欠下的学习债却仿佛一点也不打算放过你，像滚雪球般越来越多。

临近大考，你在计划里写下今晚需要复习多少章节的课本、回顾多少错题。然而各科老师并不在乎你的安排，一张又一张雪白的卷子从前排传到你手上——它们都是你今晚要完成的作业。你心里一凉，今晚不仅没法完成复习计划，几点睡觉都是个问题。在铺天盖地的作业中挤出时间复习，竟是如此艰难的任务。

首先，关于第一个场景，让我们来聊聊在学校里究竟应该做些什么。课堂上，别偷写作业，跟着老师的节奏走，可以收获实时讲解，和许多同学一起学习的氛围，远比独自在家试图复盘还债的氛围效率更高、动力更足。顺便提一句，如果你觉得辅导班或课外任务迫使你不得不在上课时做其他事情，请谨慎考虑继续这项课外学习是否真的划算，抑或只是“我努力了”的一种自我感动。

课堂之外，当你拥有可以自由支配的时间时，最好先完成作业再休闲。这对于所有人而言都不是件容易的事情，但浮现出“休息一会儿”的念头而又无人监督时，格外容易出现报复性的长时间偷懒，这又将进一步打消继续学习的积极性——就像登山路上，一旦坐下来休息一会儿，再起身向上爬时的体验格外不适。

我的做法是，完成作业以后先去洗漱、泡个澡，让自己重新振奋精神。然后在洗漱完毕至上床睡觉这段时间里，完成本日的复习计划。在睡觉之前，我喜欢给自己一些奖励，看 10~20 分钟想看的小说或电视剧——高三一年，我以这种每天只看一点点的方式刷完了《神探夏洛克 4》《釜山行》等各种影视节目，许多日子里，这都是支撑我完成每个日际计划的精神支柱和动力。

当然，在大多数时候，计划的完成度并不会如上述所言的那么顺利——作业量可以多到不熬夜根本没法完成，复习时才发现今天为自己规划的复习内容太多，抑或是各种突发事件耽误了你的时间。我的原则是：规律作息与睡眠必须放在第一位，在这一前提下，放弃不那么重要的任务。如果你和其他同学觉得老师发的卷子里大多数题都是老生常谈，是重复劳动，除了互相抱怨之外，你可以直接跟老师提出来。高三时，我的物理老师和化学老师都热衷于试探我们的能力上限，努力在一天之内布置尽可能多的卷子（我觉得这可能只是出于他赶上教学进度的需求），而我和其他几个同学时常趁课下去找老师卖惨，抱怨其他老师布置了多少作业，今天无论如何也写不完这么多。只要你的意见是合理的，许多时候老师会根据反馈重新考虑自己布置的作业量。当然，如果大多数同学并不觉得作业很多，那也许就该反思自己的做题效率问题了。如果老师意在提高你的做题速度，那么如他所愿，放下一点对于正确率的执念。

如果无法按质按量地完成自己制订的学习计划，那就在一天结束之际，根据自己的现有进度重新做一次规划。没有必要在考前看完所有的错题，看遍课本和教辅资料的每一页，可以在心里评估每一册复习材料对这次考试的价值，然后按照重要性从大到小地安排复习。

（二）学期规划

我的学期规划是“考试导向型”的——标出一学期内的重要考试的时间点，然后倒排工期：在课内作业的主线任务之外，考前 2~3 周的支线任务是回顾课本、整理要点和错题，考试结束的那个周末为自己规划一次稍大型的娱乐活动，其他时候的支线任务是通过刷题和读相关教辅材料攻克疑难点。

制定学期规划时，首先要对自己的能力有正确的认识和估计。许多同学都倾向于制订比自己的实际能力更紧锣密鼓的计划，但一定要谨慎考虑不能按时完成计划而造成的连锁反应。选择报辅导班时，一定不要想着“只要我的时间表上还有空档，就还能往上加”。我的原则是，周中的一天之内辅导课不要大于一门，周末留出加起来至少一天的自由时间。这是因为辅导班会把你的时间表“钉死”，过多的辅导班会将你的自由时间划分为过于细碎的碎片，而碎片化的学习时间，在我看来是效率最低的——本身我们就需要一定时间来进入学习状态，碎片化的时间意味着刚进入状态没多久就要结束了。更多时候，我们容易将碎片化时间作为忙里偷闲的借口。

课外作业也是一样的道理。高中三年，我见过不计其数的“刷题狂魔”，勤勤恳恳的学习态度使他们的成绩不会差，但其中也鲜有拔尖者。首先，选择教辅资料时，别冲动消费，一定要先考虑它是否弥补了课内材料的欠缺之处。就我个人而言，我感到理综的课内练习已经足量，但我比起其他同学依然在做题速度上略显落后。因此，我选择计时完成一些整套卷子，通过刷题的方法提高做题速度，练习、实践与调整理综考试的时间分配。其次，请以高于课外作业的视角去看待课内作业。归根结底，我们的任务是利用自由时间进行巩固提升，而这其中除了刷题，更需要相当比例的回顾整理，我们应当决定这二者对自己而言合理的比重，切不可跛腿。

总之，估计一个任务的任务量时，我们固然喜欢从愿景出发，考虑完成这个任务可以给自己带来怎样的能力提升，但最终还是要回归到事实本身上，忠于自己的自制力水平，忠于人类极限。

除了正确预估自己的能力，值得注意的还有划分阶段，应松弛有度。惊悚电影《闪灵》里有一句经典台词，展示了男主是如何走向失控的：“All work and no play makes Jack a dull boy.”不要透支自己，事实上正是时间规划的根本目标之一，有利于提供长久可持续的学习动力。除了平时每天10~20分钟的休闲时间外，我通常在一周结束之际——周五晚上或周六晚上给自己放假，看一场“种草”许久的电影，和父母出去好好吃一顿，或是在热闹的步行街上漫步。大考考完当天晚上，我同样会以出门购物、放松来奖励自己。这不是刻意为之的心态调整，高中生活依然是生活，我认为应当具有生活本身的面貌。

(三) 假期规划

假期规划的重点，可以说不再是“别累着”，而是“别闲着”——务必避免过一个过于松弛、一无所获的假期。通过报班使自己保持匆忙是个不错的主意，不过即使蹲在家里，也可以通过时间规划度过一个不留遗憾的假期。

高二那年寒假，物理竞赛老师布置的寒假作业是300道竞赛题。这是一个可怕的寒假作业，因为一道竞赛题对我来说至少要花半个小时才能解出来，上不封顶，而这项作业意味着我需要每天至少花6个小时来完成，可以说是没有节假日。于是我给自己定下的规矩是，每天12道题是必须完成的死任务，在完成死任务的基础上，尽可能地额外多写一些。我每天八点起床，除去午饭后半个小时的休息时间，一直独自闷在房间里解题。假期刚开始时，一切都很可怕，每道题都是一场劫难，写完后让人只想瘫在椅子里思考人生。而一旦抓起手机，两三个小时很快就偷偷溜走了。尽管如此，我始终死守着“每天12题”的原则，尽管有时这使我需要熬到凌晨一两点。慢慢地，事情变得容易起来：由于我一直严格执行计划，并且偶尔会在深夜做题做到尽兴时多写一两题。当与同学交流时，我发现我是写得最快的那个——你知道，没有什么比跑步时跑在队伍排头更让人兴奋有劲头的了。我脑袋里的念头从“完成12题”变为“跑得再快一点，把距离拉得越远越好”，做题的时候也因此更不容易绝望崩溃到想要“放松一会儿”了。最终，我提前了几天完成作业。

自那以后，我学到对待假期的经验，一是规律作息，以比平时更严格的态度监督自己完成每日计划；二是及早开始干活，别往后拖，从领先他人的优越感中汲取动力。

进入大学以来，我见证了身边同学各种各样的生活轨迹：有些人的起点在学校里显得稍为落后，却逐渐能做出自己的一番成绩；有些人自带各种各样的传说与光环进入校园，却自甘堕落，水平下降到让人大跌眼镜的地步。如果说能从他们的故事中总结出什么共性的话，那就是作息规律、生活安排得合理的人，往往更显现出活力十足的精神面貌，往往更乐观自信，也更能实现自己的目标，而作息颠倒的人——他们当中当然有些是因为终日沉迷游戏，但还有一些在外人看来只是单纯而莫名其妙的辛苦：动不动为了完成一项作业而通宵、而不吃不喝，然而收获往往并不与他们所牺牲的睡眠和饮食成正比。他们是被降临到自己头上的任务不情不愿地支配与折磨的，他们往往因此而精神状态不佳，心态也比其他人更脆弱，更容易因为小的挫折而彻底崩溃、失去动力。这学期我交换所就读的哥伦比亚大学的一句口号是“Live well，learn well”。这正是合理安排时间的重要之处——有条不紊的生活带来的成就感，可以激励自己在学业中追求与之相匹配的优秀表现。“我活得很好”是一句有力的心理暗示，能够带来信心，也带来动力。

二

同伴的力量——同学间良好的学习氛围是必要条件

谈到时间规划，就不得不谈如何培养执行规划的自制力与主动性。“拖延症”是现代人类难以彻底治愈的流行慢性病，如果能从高中起就找到适合自己的自律方法，那么走出校园的你，就已经能把许多人甩在身后了。

在与“拖延症”斗争的漫长道路上，我尝试过许多流行方法：花了十二元购买了手机种树软件，卸载了无数次 QQ、微信、微博，把手机交给别人、锁进柜子里……但这些方法最终都是治标不治本。对我而言，最有效的对抗“拖延症”的方法是，借助同伴的力量，在朋友间建立热情高涨的学习氛围。

当然，这不是说要像老婆婆一样在你的好哥们儿耳边一刻不停地叨叨“你该去学习啦”。学习氛围的建立时常是一个微妙的过程，如果你身处一个大多数同学和你一样全力以赴的环境中，只要有心，相信你不难找到对你有益的同伴，而如果你当下的环境氛围并不有助于学习，那么在某种程度上更需要你“断舍离”。

（一）同伴的选择

选择你的学习同伴，从熟悉的人开始总是显得容易，然而你需要慎重考虑——并不是所有人在这件事上都能对你起正面作用。这不是说你当下的朋友可能不够好，只是不同个体追求的目标不同，学习习惯和方法也不同，因而他们在这件事上或许不是最佳选择。比如说，我的高中室友，是我高中三年最要好的朋友，我和她们一起吃饭、深夜谈心，也一起出去玩，但我不会选择和她们分享太多学习上的进展与苦恼，不会邀请她们一起自习。我也曾尝试着说过："明天我们一起自习吧，一起决战生物。"她们也欣然应允，然而我们最终要么一起打了一天游戏，要么闲谈了一整天的美妆。我是一个很容易受外界影响的人，如此屡次失败后，我终于认识到，如果我有着和她们不同的高考目标，就必须选择新的学习伙伴。

一个好的学习伙伴应该具有怎样的特质呢？首先，他 / 她有与你在同一层次的学习目标。当然，这里我们需要排除一些眼高手低的人，找到其他一些干劲十足的人。其次，他 / 她有与你大致相当的能力水平。能力水平相差太大的伙伴，乍一看没什么问题，但总会在双方心里埋下有些不舒服的种子：一个总在不经意间受到打击，另一个也可能感到沟通不畅。最后，他 / 她有你可以认同的学习作息——这是在你想和他 / 她一起约自习这一特定前提下才需要注意的。

这样的学习伙伴其实并不难遇到。简单来说，每次大考前后，试着和在你的年级排名附近（或者更高——如果你愿意的话）的同学多聊几句，后续的事情就自然而然了。大概每个学校都会有喜欢加成绩特别好的同学的联系方式的那类人，依我看，他们做得一点毛病也没有——人往高处走，和对你有帮助的人多相处，是有百利而无一害又可以理直气壮的。

（二）如何借助同伴的力量——竞争

和同伴竞争。竞争什么？竞争和学习有关的一切：课上比抢答速度，课外比刷题速度，考前比复习速度，考完试比成绩高低。总有同学对这种行为嗤之以鼻，但我的确至今都没看出像他们那样袖手旁观比起我们有什么高明之处。要我说，能找到一群像自己一样对这个幼稚的小游戏乐此不疲的伙伴是非常幸运的——在学习的问题上来回呛声互相刺激，不仅拉近了和朋友们的距离，也让千篇一律的学校生活充满了无聊的“嘴炮”乐趣。在投入学习时，更能激励我做得再极致一点，这样明天上学就可以在这群伙伴面前多神气一会儿。可以大言不惭地说，出风头几乎是我学习的原动力。

（三）如何借助同伴的力量——陪伴

当你和同伴有共同的目标时，就可以保持密切的交流和联系。时不时与朋友讨论起你眼下最需要专注的事情，不仅可以不时获得灵感、从对方口中收获“干货”，也可以为这件费时费力又单一枯燥的任务增添一些新鲜感，最重要的是能让你知道你不是一个人。高三下学期每次模考前，我都喜欢与朋友相约同步复习化学和生物课本（因为这是几乎所有人都会复习的内容）。复习大约在考前两周开始，每天在学校见面时，我们都会互相检查对方的复习进度，确保我们的进度基本保持一致。然后，我们会根据头天晚上复习到的内容互考对方。这样，为了能难倒对方，也为了不被对方难倒，每晚我都会预留出一段时间复习，不知不觉就能在考前有条不紊地回顾整本课本了。

保持密切的交流和联系，还可以让你平稳地度过学习的“瓶颈”期。很多时候，不是我们想偷懒摸鱼，是这道题实在解不出来，抑或这个知识点实在难以弄懂，过不了这道坎，后面的任务也就难以为继。然而一个人学习的短处，就在于即使有不屈不挠的毅力和东山再起的决心，一切也不过是屡屡碰壁和停滞不前，而这是最容易让人崩溃、丧失自制力和热情的。如果你和你的伙伴能在这项任务上保持密切的联系，即使你们不能讨论出正确答案，至少这种沮丧的挫败感也会被大大分摊。当有人和你操心着同一个问题时，一同解决问题总比独自面对更强。

当你和同伴都痛感独自学习的动力不足时，不如相约节假日一起自习，来互相监督。高考前三天是待在家里自己复习的时间，但我在家学习的效率实在不高，于是依然和朋友约好去学校上自习。计划要去学校完成什么任务、收拾书包赴约的过程，对我而言就是一个给油箱注满汽油的过程。没有什么比大家齐头并进更让人热血沸腾的了。

三 别让生活过载

反馈—调整是高中学习最有效的机制。在你的阶段性计划结束之际，认真评估在这一阶段你的学习方法指导下的表现，从而审视你的学习方法所带来的实践效果究竟如何，又应该如何改进。低头苦干，不仅可能事倍功半，而由此让生活过载带来的恶性循环，可能还会起到负面作用。

在这里，我的一些小小的建议是，晚上十二点前务必睡觉，困意过了才睡，第二天很容易精神不佳。数学、物理题千万别留到睡前才做，否则只会越做越清醒，躺在床上时满脑袋都还是平行六面体和皮带运动。如果这段时间感到压力比较大，睡前可以进行一些阅读、泡脚之类的放松身心的活动。另外，课业压力再重，也别颠倒生物钟。

怎样学好化学与生物

第06章

我高考的理综得分是280分。我不是那种高智商或天赋异禀的学生，在理综三门里，我更喜欢化学和生物，因为它们学起来更有规律可循。

一

我是这样学化学

高考化学的题型众多且复杂，不同的题目有不同的解题方法，但是根本在于对高中基础知识熟练掌握之上的综合分析。对于选择题，同学们不仅需要对基本的化学知识有充分的掌握，还需要在平时的考试中将每一个选项的对错点都弄明白，才能在高考中凭借熟练的经验迅速进行正确判断。对于要点多、题量大的大题，则需要结合题干中的信息，采用总结的常用模板进行分析，最终得到正确答案，从而保证不漏要点、不失分。当然在做大题时，切忌一味套用模板而不对题干重要信息进行分析，防止出现驴唇不对马嘴的错误回答。

纵观近几年的选择题，其题型无外乎化学常识题、阿伏伽德罗常数题、有机同分异构体题、物质制备实验操作题、电化学题、化学元素推断题、化学平衡题几类。下面对其中部分较难的题目考查及解答方式做一下分析。

（一）化学常识题

化学常识题的主要考点较多，且往往出现在课本中不起眼之处。这一题就是考查同学们对课本的熟悉程度，可以在笔记本中作相应总结，例如常见的天然或人造产品及其组成成分、典型物质的物理和化学特性等。对于平时做错的题目及不了解的新选项，要及时进行记录，以免遗忘。近两年的化学常识题有时也以结合文言文题目的形式出现，同学们需要利用题目提供的文言文文献，根据题目要求分析正确答案。文言文出现在题干中，往往是需要判断文言文所描述的物质、实验操作等是否正确，如 2017 年全国一卷理综第 8 题，就是典型的判断操作题；出现在选项中时则往往有相应解释，仅需判断解释是否正确，如 2019 年全国一卷理综第 7 题。前一种题目需要同学们对所要求的物质、操作方法有清晰的了解，然后根据文言文中的关键字词进行判断，譬如第 8 题中根据“飞着”“凝结”等可以判断出物质加热后由气态变为固态，因此可判断为升华。后一种题目判断方式即为基本的化学常识题。

（二）物质制备实验操作题

物质制备实验操作题目所涉及的实验装置均来自课本，解决题目的关键突破点是化学方程式。这类题目往往在已知化学方程式的基础上做少许改动，同学们需要抓住关键的气体产物和反应条件做分析。例如，含水环境下的反应往往需要在后续加入除水装置，而反应或加热中的副产物如盐酸会挥发，因而需要加入氢氧化钠等除酸装置。当然，装置之间的顺序也十分重要，尤其是在有多种气体需要去除时，要重点关注是否引入新杂质、是否吸收了目标产物等。反应条件对实验装置的操作有重大影响，尤其是在实验时及完成后的操作，同学们需要根据实验操作规范来进行操作。

（三）化学元素推断题

化学元素推断题目需要熟练的经验积累。在做这类题目时，建议同学们简单画一张元素周期表的前 4 行元素示意图，然后根据示意图进行判断。突破口往往在所给元素的特征条件上，如原子半径、特征反应等。因此，各位同学要对元素性质有较好的掌握。由于判断完元素后，要进行选项的判别，所以此类题还有另一种解决方案：在题干无从下手或模糊的情况下，根据选项内容进行辅助判断，假设全对或者全错，反推验证是否发生逻辑冲突，进而推断出正确的元素。

（四）化学平衡题

化学平衡题的考查方式较为多样，常见的是给定数据计算型题目和图表信息题目。出现给定数据进行计算题时，可以采用三段式法，也可采用回代验证法即将答案内容回代进行验证，此外还可以利用守恒的思想进行判断。对于较为烦琐的图表信息题，可以通过假设从图像中获取信息，然后对四个选项进行逐一验证。这种方法要注意不同曲线段的拐平问题，每一段对应的平衡过程各不相同，因此要求对每一段的溶液物质关系要有清晰的了解。另一种方法是利用选项内容辅助判断，假设全对或者全部错误，把选项一一代入题干中，找到其中不符合逻辑的一项，做题用时较少但是变化过程不是非常清晰。

大题主要包括实验题、化工流程题、化学平衡题、结构性质或有机题。每种题目的得分点和易错点各不相同。对于大题的学习掌握，要从一般到个别，重视每道题的独立分析。

（五）化学实验题

对于化学实验题，一般考查内容主要包括：实验装置名称、作用，某某操作的目的，某种现象的原因，反应的方程式（化学方程式、离子方程式）及根据方程式分析某种特殊仪器的使用原因，滴定测量样品纯度等。其中的操作内容需要平时对课本知识的大量积累，如加入碎瓷片防沸等。实验题的主要难点包括两部分：能否将仪器或操作的作用及原因完全表述清楚，计算是否准确快速。前者就需要刷题进行总结了，只有见多了题目才不会在面对这种题目时产生慌张的情绪，而是迅速冷静地分析，结合自己准备的模板进行验证，凡是可能相关的原因或目的都要写上，但是总数最好不要超过三条，以防阅卷老师看不到正确答案。后者主要是能找到正确的配比关系，这里最好不要写方程式，而是采用守恒的思想，根据氧化还原电子数守恒或者酸碱守恒等，通过中间产物列出滴定试剂与样品的数目关系，从而迅速写出结论。

化工流程题的考查内容主要包括：反应的实验条件、反应方程式，实验操作、实验结果的判断及原因，简单化学平衡的计算，物质的推断等。解决这类题目，要从整体入手，由全局到细节，可以采用“三步走”分析法。首先，从题干中了解原材料、中间产物以及目标产物各为何物。其次，要对流程中每一个步骤有所了解，包括预处理物理操作的目的、化学反应及其后果等。流程中的重要操作一般包括对原材料的物理和化学预处理、控制反应条件、提纯产物三个方面，因此要重点考虑这三个方面中各自的过程。再次是综合考虑每一步的必要性，其中的分析一定要结合制备物质这一最终目标进行，即所有操作都是为了提高产率服务。在整体分析的基础上，要抓住题干和答题的常用术语进行阐述，如碱除污、酸除氧化膜、提纯方法等。对于简单的化学平衡计算和物质推断题，同样建议不要过分使用化学方程式，而是根据守恒的思想进行物质关系的分析，方便快捷。

化学平衡题往往是较难的一题，此部分中计算较多且难，还包括热化学、酸碱强弱等反应判断，但是不同小问考查的是不同的方面，因而需要同学们提高重视程度。解决此类题目要先对常见酸碱强弱、反应关系有详细的了解，因为题目中往往会给出某种新型的酸或者碱性物质，需要根据题干信息作基础判断。对于计算题，常见的三段式法可以较好地解决，但是同样可以考虑用守恒的关系来进行质量或者物质的量的计算。平衡题中常见的另一种出题方式是图表式题目，采用化学平衡图像进行不同反应的对比，这其中要抓住横、纵坐标的关系，牢记转折先后对应的数量关系，从中推断反应的具体细节。

选修部分中有机题通常较为简单，同学们学习的重点应当放在典型物质和反应的积累上，其核心是物质与反应的双向推断过程。要重点关注官能团的作用和引入，可以根据反应类型推断官能团名称。在学习时可以通过多刷题来积累足够的经验，以方便快速判断各类反应物质。遇到选择反应原料的题目时，除考虑反应物中是否含有相应官能团外，还要考虑反应条件是否合理易得，不能出现理论可行、实操低产的问题。

二

我是这样学生物

高中生物知识点较多且零碎，因此虽然出题范围大致固定，但是考查方式各不相同。题目主要可以分为两类：考查细节知识点的题目和考查对典型分析方法掌握情况的题目。生物的选择题一般是考查细节知识点的题目，考查分析方法的题目较少，即使是大题，也可以归并到两类中的一类，或者作为两类题目的叠加情况而出现。不同于其他学科，生物对课本内容的要求非常高，甚至到了需要深究每一个字词的程度。而无论是选择题还是大题，生物题目的解答都需要同学们对教材内容细致了解。因此，对于生物的学习，在熟练掌握教材内容的基础上，还要做到学会推理和分析，才能做到从容不迫。

在选择题部分，生物的主要题目包括概念判断题、背景分析题和计算题三类，分别对应三种不同的解题方式和学习方式，下面将一一列举。

(一) 选择题

除少部分背景分析题和计算题外，高中生物的选择题选项基本源于课本，因此常见的问题就是记忆不清，譬如实验中各种颜色试剂的使用等。对于这一部分题目，同学们所要做的就是尽可能多读、多背，将课本内容的方方面面扫干净。这部分常见的易错题就是源于概念和适用条件的不清晰，如“绝大多数生物的遗传物质是 DNA”这个概念，其限定词就是常考内容。因此，要重视基础概念尤其是定义，一定要牢记适用条件和限定范围等。

而对于引入背景的题目，所考查的重点就是类比分析，常见的如某种特殊物质的合成过程类比光合作用碳循环的过程进行分析，又如分析某种群的增长过程曲线类比高中生物课本上 S 形曲线的分析过程等。做这部分题目的关键在于快速找到类比对象，同时按照以往的分析过程进行分析。通常，这部分题目的选项可作为辅助分析的线索，可以假设选项全对或者全错，帮助同学们通过分析得到更多信息，然后进行类比。尤其需要注意的是，这种题目的错误不只是事实的错误，也可能源于前后句的解释错误，即分析过程错误。只有对概念和分析过程十分清晰，才能做到对此类题目十拿九稳。

含有计算内容的选择题的出题背景往往是简单的遗传题。做这类题目，除了要在假设的基础上进行分析外，更要重视题目中的选项所提供的隐含条件。有时可能一时间无法做出正确假设，这就要开始考虑选项中的结果，根据判断是正确还是错误可以分别做全部错误或者全部正确的假设，然后将选项中条件加以利用，由于此时往往含有关键的遗传类型信息，所以可以达到事半功倍的效果。

（二）生物大题

生物大题的类型较为多样，主要有简答基础概念题、实验探究题、动物生理过程、植物生理过程、遗传题以及选修题目等，但是考查范围基本不变。因此应对生物大题的最好方法就是对课本内容熟练掌握和培养熟练的分析推理能力。

简答基础概念类型的题目部分得分较容易。对于这一类型的题目，要先认真阅读材料和问题，回答须贴合问题内容。如果含有图表信息，则需要将图表内容提炼后再进行回答，不可以脱离图表内容。

近几年有时也会出现实验探究题，如 2017 年全国一卷理综第 29 题。这种题目让同学们从无到有设计实验思路并给出结果，看似较难，实际上是课本上探究遗传物质部分的翻版。只需类比课本实验的设计过程，不难得到解此类题的思路。除此之外，还可能出现给定实验设计，针对实验内容和结果进行分析的题目。这类题就需要同学们对课本内容有详细的了解，尤其是对设计思想、原理和目的方面的内容。此外，实验方法和实验步骤的选择也是重点，常作为解题时的关键词出现。实验探究题和简答基础概念题都偏向于记忆细节，而非生理过程题目和遗传题的拓展应用。

动、植物生理过程题目形式一般相差不大，都属于给定背景，需要同学们灵活分析答题的题目。但是这类题目的失分率可能很高，因为可能出现要点众多却答非所问的情况。这就需要同学们多刷题，同时关注这些题目的答案是如何与题目本身相联系，又是如何与课本相关内容进行联系的。做题多了之后就会发现，其实题目变化多端，但是与课本联系、从课本内容出发的核心思想是不变的，同学们在这一过程中就要着重培养自己的分析能力和联系能力。此外，回答原因或目的等题目时，切忌多答，要加强自己的概括能力，争取用尽可能少的字数清晰地表达出自己想回答的内容。极端但是有效的方法是，将每一个考查原因或目的类型题的标准答案抄下来，然后尝试重新组合这些答案的语句来回答遇到的问题。多做几次后，自然会掌握其中的道理。

遗传题是生物部分令人头疼的题目之一，但是如果掌握好方法，其实也是最简单易得分的题目之一。回答遗传题，关键在切题思路和套路，而切题思路和套路要从刷题中得来。但是刷题并不是那种一道题刷完就过去的机械式刷题，而是要总结出每一道题的思路和套路。常见套路不必多说，刷题过程中的重点是一些非常规的套路，比如隐形配子致死时的切题点是 AA×Aa 后代只有 AA 出生的关系，又如隐形纯合子致死时的切题点就是 Aa 的后代没有 aa。从这些套路出发，遗传信息的关系就会变得十分清楚。因此，做题时要注意总结这种非常规遗传关系，同时要自己主动探究切入点在何处并记录下来，这样就可以凭借丰富的经验进行修改进而快速得到结果了。在已经获得遗传关系的基础上，要注意利用这些遗传关系进行计算，而不是一味地借助已有的计算公式，譬如出现两对基因分别有隐性配子致死和隐性纯合子致死时，或是两对基因相互影响时，就不能再套用已有的固定公式，而是要根据实际情况进行合理的运算。此外，出现判断基因是否位于常染色体还是 XY 染色体上时，要注意根据后代的性别推断其基因型的概率。

生物选修部分现代生物科技专题的内容较为简单，但是想要做到全对却不容易，尤其是原因类的题目，需要结合背景材料和课本知识进行回答。解答方式与生理过程题目相似，即从题目背景出发找到课本中的相关内容，然后根据课本知识进行类比分析，回答时结合题目背景进行叙述即可。在回答时同学们需要注意的是切忌多答，同样要用高度概括的语言表述自己的想法。

我眼中的清华

学习应当是一种乐趣

今年夏天，我去河北的一所高中和同学们交流。在那里，有同学对我说：“你和我们分享清华生活有什么用呀？我们当中的大多数人，大概都没有机会进入清华校园。”

所以我想，我也有必要先小小地声明一下。我想分享的，不仅仅是清华的生活有多么多彩迷人——招生宣传片拍的远比我的描述精彩得多，而更多的是两年多来这座园子赋予我的品质，教会我的人生道理。几年以后，也许书页前的你和朋友们踏进了不同的校园，结识了不同的新朋友，但我固执地认为，这些道理依然是处处适用的。如果我可以穿梭时光，回到两年前拖着行李箱站在清华园门口的自己身边，这些话是我最想告诉那个满载着高中生的纯粹的自己的。我期待着，将要踏入高等学府的你们，能比当年的我准备得更充分，站得更高，看得更远，体验更精彩而了无遗憾的大学生活。

1. 平和的心态

高中的我自觉心态调整能力一流，一面安慰着身边崩溃痛哭的朋友，一面暗自庆幸自己得以成为刀枪不入的例外。可是到头来，没有人能成为例外。

电机系有一门专业基础课，叫电子电路实验。我们需要在规定的一周时限里，造出一台真正的多功能计算器。

这周的第一天，我斗志昂扬地坐在书桌前开始设计这台计算器。我自认对老师的讲解听得很明白，设计思路水到渠成，计算器的每个模块要做什么，每一天应该设计完成哪些模块，我都做出了清晰完美的规划。我暗自下定决心，要做系里率先完成任务的那一批人。

第二天、第三天，我开始编写第一个模块的代码。第一版代码不出意外地有很多功能故障，我静下心来逐行排查，反复修改代码，直到用电脑进行功能仿真的结果准确为止。进度比我预期的稍慢一些，不过没关系，毕竟许多同学甚至还没开始规划设计思路，我已经超前很多人了。

第四天，为了及早完成任务，我已经连续三晚只睡五小时，这下总算写完了所有模块的代码。我满怀期待地将功能下载到硬件设备上，却发现连计算器的屏幕都没法亮起来——可是明明所有模块在电脑上仿真都没有故障啊。我纳闷地盯着眼前死气沉沉的计算器屏幕，第一次感到了不知道从哪里开始排查故障的躁郁，头三天好像白忙活了。

第五天，我转换思路，开始将模块逐一下载到硬件设备上排查故障。这天我去实验室的时候，惊讶地发现好些同学已经完成任务交上了作业，实验室里留下来调试硬件的人变少了，而且，留下来的同学手中的计算器至少屏幕都能正常工作。我觉得自己好像已经和他们差了一大截，越发坐立难安，缺乏睡眠的疲惫让脑袋嗡嗡作响。

第六天，我向完成任务的同学求助，同学一脸不可思议:“这个任务有这么难吗?”去实验室调试硬件的只剩下我一个人了，计算器的屏幕总算亮了起来，可是计算结果离正确答案相去千里。室友笑嘻嘻地打趣:“你这是造了一个人工智障啊。”

这天傍晚，我饥肠辘辘地走出实验室，并不敢浪费时间去吃晚饭——明天就到交作业的截止日期了。身旁经过一群系里的同学，他们的脸上都带着完成任务的轻松神情，打闹着一起去吃海底捞。这一瞬间，我被一种酸胀的滋味淹没了：为了完成作业，我花费的时间明明比他们都要多，为什么还是最后一名？我真的比身边的所有同学都要差吗?

独处的惆怅来得这样汹涌，我忍不住折返回实验室向老师求助，希望他能帮我找出代码里的错误。老师毫不客气地批评了我“哪里有洞补哪里”的故障排查思路，指出这样只会按下葫芦浮起瓢，又为我极为不规范的代码格式扶额叹息。夜色渐深，很遗憾，他也没能让我的计算器正常工作，当然，他着实把我的代码从里到外批评了个遍。

这天晚上，我提着书包慢慢悠悠地从教学楼踱回宿舍，头顶上新民路茂密的梧桐叶时而发出悠远的沙沙声，像把萧瑟的风吹进了我心里。我逐一回想着老师的批评，觉得好几条都颇有道理，回去应当把代码改得更规范一些、更有逻辑一些。倒是“改得让它能正常工作”这个执念渐渐淡了下去。同学们进度比我快这件事，似乎让我变得过分急于求成，以至于忘记维持整个计算器体系的逻辑清晰，但这才是解决功能故障的根本。

第七天，我开始按照昨晚想的那样修改代码，拆下之前为了修补漏洞打的粗暴丑陋的“补丁”，整理编写思路，直到它变得令人一目了然，然后下载到硬件设备上。很快，屏幕亮了。接着，我输入运算式，按下等号——屏幕上亮起了预期的答案。一切进行得出乎意料地顺畅，我终于在规定期限的最后一天，完完整整地交上了作业。

和别人聊起来，这不过是大学生活里一件平平无奇的小事，只有真正经历过的人才能回味起当时心态的惊涛骇浪：心血变得一文不值的那种委屈，“我是最差的”的那种恐慌，无从改善的那种绝望……但我渐渐意识到，身陷于此从来不是因为自己生来不幸，抑或是不够努力，没有人能凭借履历、荣誉或头衔就得到赦免。重要的是专心打磨自己的小石块，而不是沉迷环顾欣赏别人的珠宝，导致荒废了时光。

2. 自由的后果

《桃花源记》里描绘了一个山洞：“初极狭，才通人。复行数十步，豁然开朗。”现在看来，这也像是许多学生的成长历程。

从小学到高中，我们的目标都很明确——升学。家长和老师手牵着手，为我们围出了一条狭长的单行道。可当我们磕磕绊绊地翻过了高考这道坎时，身旁的围墙却消失了，呈现在眼前的是一片广阔而丰富到令人不知所措的天地。蓦然回首，家长和老师都站在我们身后挥着手：“我们就送你到这里，接下来的路，要靠你自己走啦！”

你定睛看向眼前陌生的世界，人来人往，熙熙攘攘，每个人好像都有地方要去，有的集结成队，有的踽踽独行。每条路的尽头都有诗情画意，吸引着你去一探究竟；每条路上似乎又暗潮汹涌，不知道有多少具无名的躯体被裹挟其中。这一次，你的身边没有向导，可以信赖的只有自己的双眼。你被赋予了无限的自由，却也不得不独自担负起每一次选择带来的后果。

大学里有过那么一个学期，我下定决心要活得像那些优秀的人一样精彩。我一面申请修读了英语双学位、报名参加了学校的合唱比赛，一面尽心尽力地想要做好科协部长的工作。学期刚开始的时候，一切看起来都很不错，我可以有条不紊地安排生活中的一切，和朋友们一起吹牛的时候，我感觉像他们一样生活起来多彩又充实。

可学期过了一半的时候，一切突然变得没那么容易了——合唱比赛日期临近，训练安排得越来越密集，训练时间也越来越长；英语双学位的各门课程的论文提交截止日期在我身后紧追不舍，我好不容易交上了一篇，下一篇要写的论文又迫不及待地出来亮相；科协要举办的赛事中，要处理的杂项事务始终一样不少。我觉得自己可能是一个英语专业的学生，也可能是科协的打工仔，还可能是一名声乐专业的劣等生——无论如何，大概不是一名合格的电机系学生。我在处理这些乱七八糟的事情之余，勉勉强强地抽空来敷衍一下主修专业的课程。我觉得自己像初入果园的小刺猬，忙不迭地把路边的所有果实都驮负在自己的背上，直到再也装不下，才意识到自己走起路来有些费劲了。

这样对主修专业不负责任的后果来得迅速又显而易见——这学期的期中考试里，我有两门课险些都挂科。我不得不冷静下来思考，下半学期这些杂七杂八的事情并不会变得更少，如果维持这个状态到期末，我也许就要面临失学的危机了（没错，在清华挂科的后果远比你想象的严重）。

可是我就要这样放弃这些看起来一派欣欣向荣的副业吗？我已经为它们付出了这样多的努力。更重要的是，如果放弃了，我可还怎么和同学们吹牛啊？

我觉得自己像在悬崖边行走，可是又没有办法回到安全区域。有好多只看不见的手在将我向悬崖推，我却没有力气反抗。

这天的英双课上，老师带着我们讨论青少年饮酒问题。我忍不住站起来发表看法："我认为这件事很大程度上得归咎于'同伴压力'——在一场派对上，身边的伙伴们都在喝酒，自己拒绝喝酒是一件不合时宜的事。We don't have a choice."

老师却冷了脸，说："如果你一辈子都得被环境、被别人逼着做出选择，未免过得太可悲了。Remember，you always have a choice."

说起来，这是一句平平无奇的话，第二人称，一般现在时。可彼时彼刻，它像一记重锤，狠狠地击中了我——选择的主动权，永远把握在我自己手上。如果一辈子都是"做得不开心，可我不得不做"，那还有什么意思？从什么时候开始，我忘记了考问自己："你喜欢这件事吗？你认为这件事值得做吗？"

合唱、英双、社工，它们曾经的确是让我开心的事情，可是眼下它们已经变了味，它们不再是我的乐趣，而是我的烦恼，甚至是阻挡我实现理想、走向更精彩、更广阔平台的障碍。当我的时间和精力有限的时候，我应当将它们投入在哪里，我的心底早已有了明确的答案，却迟迟不愿做出改变。

我回到宿舍，退掉了一些无关紧要的课程，如果大四有时间，我还可以再修习它们。我找到科协里共事的伙伴，万分抱歉地向他们说明了我眼下的情况，希望他们可以帮我分担一些工作。单从某些角度来看，我做的事情都是不正确的、让我丢脸的，可是眼下沉没成本，抑或是名声和面子，对我来说都不如保障平稳的成绩来得重要。

做完这些事以后，我在书桌前坐下，摊开书本开始温习期中前草率翻过的课本内容。

亡羊补牢，为时未晚。一学期结束，我总算取得了一份还算漂亮的成绩单——当然，除此之外，什么也没有。我知道，这个园子里的其他同学也许在这一学期里做了社工、学会了一门才艺，或许还拿下一个奖杯，可对我来说，我已经将我有限的时间和精力投入在最值得的事情上，并且取得了相应的回报，这是最令人开心的。哪怕其他事情看起来再迷人，我也得提醒自己：保持清醒，追逐它们的意义有想象中那么大吗？追逐它们带来的责任，是你现在可以担负得起的吗？

高中的我，像其他所有人一样期待着挣脱单一评价体系的桎梏，享受掌控方向盘的自由。可当你真正享受到这样的自由时，请别忘记它意味的后果。燃料有限，所以记得把握主动权，做出自己真正想要的选择，然后，坚定不移地向着那个方向驶去。

3. 诚实的回报

如果让我说出心中清华园

最棒的地方，我一定要说，在这里，回报总是诚实的——与你所付出的努力多少成正比。抱着怠惰敷衍的态度，即使是少年天才也会黯然失色，而像我这样的笨鸟，只要愿意一刻不停地扑腾翅膀，也能抵达心之所向。

大二上学期，我不知天高地厚地选了一门名叫“大数据技术与应用”的课程，刚上了一节课，就意识到这门课实在是个巨大的挑战——我需要从头开始学 Python 这门编程语言，同时凭借我十分薄弱的数学基础，去理解令人眼花缭乱的各种算法。更可怕的是，和我一起上这门课的都是大四的学长，而我即将在期末和他们同台竞技，比拼结课作业的成果。

踉踉跄跄、勉勉强强，我完成了一学期以来的课程内容的学习，开始着手完成结课作业。作业的内容，是自己选择一个数据库，基于它建立起一个能够对未来情况做出预测的数学模型。

从拿到题目起，同学们就开始叽叽喳喳地讨论完成作业的思路。有些人笑嘻嘻地说：“这个题目这么开放，我们大可以借鉴之前做过的一次作业，这样就有了现成的数据库、现成的分析要素和现成的预测目标，建立的预测模型的准确率还特别高。”

我也对着题目陷入了沉思：像他们说的那样做，大概的确能把作业完成得又快又好，可是却毫无新意、毫无挑战性和趣味，没能在作业里全面实践学到的知识。况且，我心底已经萌生了一个大胆的想法：我想把这门课与我的专业——电气相结合，摆脱传统的基于历史用电数据的用电负荷预测方法，试着从电力用户肖像刻画的角度来预测用电负荷。

说做就做，我从老师那里要来了海量的用电数据，可刚展开第一步就陷入了困难——这批数据里残缺或损坏的太多，以至于数据完整的用户寥寥无几。说是“大数据”，没有“大”字可怎么办？不管怎么改进数据清洗的方法，数据总量还是不太多，没办法，时间有限，我只好继续进行下一步。

一步接着一步，比起对Python语言的不了解、检查计算是否正确的艰辛，对我而言更大的困难在于我正在研究的是一个没有范本可以参考的问题，下一步往哪儿走、该怎么走，都得靠自己拍脑瓜子想出来，有时候写着写着，又觉得思路不对，一切推翻重来。就这样反反复复，进进退退，我总算走到了建立好预测模型、对预测准确率进行评估这一步。

然而，运算得到的结果却令我大失所望——只有56%。就算我没看过别人做的作业，也知道这个准确率对于一个预测模型来说，实在是没什么说服力。和同学们交流以后，更是开始懊悔自己怎么非要选择这样一座无人踏足的高山——其他同学不仅已经早早完成了作业，而且最低的准确率也达到了97%。我反复调整算法，却发现56%像是一个没法突破的“瓶颈”，最后只好怀着惴惴不安的心情来到结课作业的答辩现场，生死有命，富贵在天。

听着其他同学答辩、等待上台的我，心态却发生了微妙的变化——一个借鉴作业的、两个借鉴作业的、三个、四个……我肉眼可见地发现老师的眼神从饶有兴趣到逐渐不耐，一样的算法，一样的数据分析思路，一样的97%、98%，甚至99%的准确率……我走上讲台，心里已经有了些底气，开口说：“我的预测模型，准确率只有56%，不过，我研究的是一个不同的主题。”我看见老师坐直了身子。

一页又一页的PPT，我缓缓地讲述着模型从诞生到优化到反思的整个过程。答辩结束，我看见老师从座位上站起身来，对台下的同学们说：“这才是我想看见的结课作业。我不在乎你们的准确率有多高，那只是一个空泛的数字，我想看见的是你们在这门课程里是不是真的有所收获、有所思考，在这位同学的作业里，我想我看见了。”

这是大学生活里为数不多令我振奋的高光时刻之一，我可以诚实又不好意思地说，听完这席话，还站在讲台上的我忍了好久才没当众哭出来——那是某种价值观得到共鸣的感动。世界上好像总是有这样那样的捷径，可是至少，这座园子的评价体系是可靠又诚实的——它告诉你，有真才实学的人总会为你的诚心诚意而喝彩，总能看得见你的努力，这就够了。

我在清华等你

亲爱的书页前的你：

你好！

首先我想祝贺你，祝贺你在最美好的少年时代里，选择不遗余力地为美好愿景与光明未来而拼搏，因为这是漫长人生旅途中最明智最具价值的选择之一了。你看街头形形色色的人们，从衣衫褴褛的到西装革履的，他们中的许多人曾在千百个深夜拼命想要回到自己的少年时光，再努力那么一点点，做出一些改变。而这笔令无数人向往的时光财富，现在正被你紧紧把握在手中。在你眼前展开的，是未定义，是千万种精彩的可能性，是因此而有底气梦想的任何疯狂念头。

更棒的是，通过高中三年的洗礼磨炼，你逐渐学会了如何管理自己的生活，学会以怎样的面貌对待挫折，从高考中认真体会“为自己的行为负责”的滋味。这些收获为独立生活铺就了遥遥领先的出生点，并在未来成为你降妖除魔的底气，成为你奋进时的精神支柱。

我期待着在清华校园里与意气风发的你相遇。为了早日见到你，这里是我写下的三点建议，供你参考，希望你能从中收获有价值的部分。

首先，根据自身的学习情况与天分需求为自己私人定制学习方法。探索学习方法，可以从与学霸的交流中获得启发，可以听从老师的建议，但归根结底需要的是属于你自己的——每个人的学习习惯与接受能力各不相同，切忌削足适履。

1. 如果你是基础薄弱的学生

如果你是基础薄弱型学生，那么需要格外注重回归课本和课堂，从基础题抓起，切忌眼高手低。如何判断自己是不是基础薄弱型学生？如果你做题时，总是因为概念的模糊和在课本知识点上的粗心而犯错；如果你考试时，总冒出“要是能翻笔记／翻课本就好了”的念头，你就该夯实基础了。基础薄弱的毛病不会单一地出现在某一个成绩水平的群体中，如果你觉得自己成绩不错因此就轻蔑基础练习，也许已犯了大错。

进入大学以后，也许你们会学一门课叫“数据结构”，数据以怎样的组织结构储存在计算机中，对于计算机能存储多少数据、能否在需要的时候按需求快速搜索定位数据而言至关重要。对于我们的大脑，也是一样的道理。对你而言，当下最重要的是在心里构建起一个合理而完整的知识体系。通常，从整体来看，它是数据结构里的树。你可以按照课本章节或高考试卷里的大题题型来划分各个节点，节点下面是涉及的小知识点。具体到这棵树最末端的枝叶，是各个易错点和常考点。它们之间在多数情况下是简单的并列关系。即使数学、物理大题喜欢出将它们综合运用在一处的问题，化学、生物喜欢将它们集成在一题，但这棵树的结构并不因此改变，它是你做题时在心中用来查询的字典。

对你来说，不要把太多精力投入在多刷题、刷难题上。尽管做题—回顾—对症下药的模式有其效果，但它的效用是“打补丁”式的。如果你想靠一道道地刷题来夯实基础，那么这些知识点在你的心里将不是以“树”的形式存储，而是最简单的“数组”——每做一题，知识点就一条一条并列地向上累加，逐渐垒起一座五颜六色、奇形怪状的塔。即使是最聪明的脑袋，也没法以这种形式长久地记住高中三年的所有知识点。

2. 如果你的成绩不算差却又没办法拔尖

如果你的成绩不算差却又没法拔尖，要分的关键在于攻克短腿学科。我的同学里有好些竞赛成绩出色、脑袋灵光但成绩总徘徊在几十名的，在我看来问题所在都是心安理得地接受了自己偏科的事实，转而想通过在优势学科上更进一步来取得优势。然而，成绩能达到清北线的那些学生都是全能人才，想做尖子生，一定不可以放过短腿学科。

我的短腿学科是语文和物理，其中，语文以前几乎是在年级中等的水平。高三一年，我给自己报了语文的辅导班；此外，我还用学习优势科目的先进方法来拯救我的语文：眼见在错题—回顾—对症下药的模式下化学、生物成绩稳步提高，我如法炮制地准备了语文的错题本、文学常识等小题积累本和作文素材本。语文老师从前是我避之不及的人物，因为我上课“摸鱼”、考试不尽如人意，但为了在大考里多得一些分，我逐渐开始硬着头皮频繁去请教这位我心底最害怕的人物。让我没想到的是，这种事上“爱哭的孩子有糖吃”的确成立：找老师找得越勤，老师能给予你的指导越多，你能从老师这儿收获的“干货”也越多。比如，我永远无法理解阅读理解的答题思路，便多做题并在学校向老师提出做这些题时的疑问。当老师试图解答时，我仔细观察老师是如何读题、如何思考的：当他看见这个问题时，第一反应是去原文中找相应的句子，然后根据那些句子总结出了答案。当他解答完我的问题时，我便向他提出我对他的解题方法的观察，询问这个方法是否是普适的。除了多问问题，为了补足短腿学科，我也会在考前更早地开始复习。这样，一方面我的优势学科可以按照从前的节奏按部就班地展开复习，另一方面，我也依然有充沛的精力决战短腿学科。在这样的模式下，高三一年我至少保障了语文成绩保持在年级前十名左右，不至于拖太多的后腿，而物理成绩则突飞猛进，保障接近满分。

在并不擅长的科目上多下功夫，从心理上到实践上都不是容易的事，但努力与否的结果区别，是未来能否在更好的平台学习自己喜欢的学科。为了让高中三年不留遗憾，为了让以后的自己不要后悔，走出舒适区、挑战自己所不擅长的事情，是无比值得的。

3. 如果你遭遇了学习“瓶颈”

如果你遭遇了学习“瓶颈”，切记别被蛮干思想支配。多向老师和优秀的同学取经，询问并尝试理解他们的解题思路。反复执行交流—反思—调整—评估的整套流程，找到最优解不过是时间问题。向身边人求教时，整理好思绪，有条理地提问，问你最想得到答案的问题，而不是在求助时用情绪宣泄，模糊地向对方抛出问题的重点。

不论是遭遇“瓶颈”还是遭遇滑铁卢，记得深呼吸，一切总有解决的办法。心急无法成事，但逃避更不是办法。别被焦躁扰乱了原本有条不紊的学习节奏，试着从当下焦虑的问题本身抽离出来，全面评估自己的学习方法。高三一模至二模间的一段时间，我的化学成绩突然一落千丈——一切发生得突然而莫名其妙，我自认没有学习态度上的松懈，但就是在一次化学考差了之后，从此就仿佛再也没法回到原来的水平。这使得我在全校的排名一下子从前几名落到十几甚至二十几名，这是前所未有的。考试成绩公布的第二天，我来到教室，所面临的氛围是让人无法忍受的：我听见有同学在窃窃私语我考得有多差，我感受到他们的惊讶，也没有心情再像往常一样与同学闲谈这次考试。一次失利，两次，三次……失望、焦躁与沮丧在指数级地累积，并逐渐影响了我正常的学习生活。我开始意识到，要做出改变，第一步就是不把失利当回事。一切还是原来的生活，我继续追逐从前的学习乐趣，在学习与化学无关的科目时，只把它当作一个轻飘飘的数字。当然，在学习化学时，我比从前更加仔细谨慎。我对着从开始失利起的每次化学试卷反复回顾，把每一个错误彻底弄懂，把犯错的原因弄明白。我一次次在脑海中复盘那些考试：哪里的策略出了问题，我有没有被心态影响……总结出问题以后，我向老师请教，向在那几次化学考试中考得好的同学请教。我在新一次的化学考试里，回想起的不是之前考试时的焦躁与紧张，而是这些天来我总结的问题与经验教训——一切都是理性的，是因为认真总结了失败而感受到的底气十足。我的化学成绩以并不显著但的确有所提升的趋势变化着、变化着，终于，在一两个月之后，回到了原本的轨道。事实上，高考前的每一次考试都不过是一种练习，每天有每天的状态，考得好或者不好也没什么影响，你还有明天，还有千千万万次考试的机会可以把握（上了大学后反而非常怀念这点）。

事实上，高考时的表现也并不完全与平时的表现一致。高考前的最后三次考试，是学校里的“最后一卷”。题目全部由往年的高考题组成，而我的数学成绩却在这三次考试里一次比一次差，到了第三次，甚至只有120分。那的确是我沮丧又焦虑的一段时光：我确实没有想到，风风光光了高三一整年，最大的失败竟然恰好出现在高考前夕。按照以前的经验，拯救这种滑铁卢至少得一两个月，而现在已经没有时间了。最后一天上课，数学老师讲解考试试卷，当他经过我的座位时，我听见他几不可闻的一声叹息，那个瞬间给我带来的铺天盖地的情绪崩溃，至今仍让我印象深刻。我做了什么？诚实地说，我什么也没有做，我保持着原来的学习方法和习惯，在最后三天里按部就班地刷题、复习，然后奔赴考场，第一天考数学的前夜甚至还彻夜失眠。然而高考数学成绩并没有失利，保持在我的正常水准。所以说，朋友，别灰心，别否定一切，故事还没写到结尾，你永远想不到结尾会有怎样的反转，你永远不知道你的高中是不是一本玄幻小说。

4. 关于新高考改革

新高考改革下，高中生活更类似于大学生活，因此一定要培养起自主规划人生的意识。

首先，从选科目开始，这并不是在街边吃麻辣烫选择中午吃什么，喜欢什么就能选什么。你所选择的科目很大程度上决定了你所要申请的大学专业，从而影响未来的职业规划。我的建议是，选择未来申请专业时选择范围较广的、自己占据一定竞争力的专业，这以后才是兴趣——兴趣这个东西很微妙，当下你也许认为某门科目是你的信仰，是你的志趣所在，但在残酷的现实问题（比如局限了自己的发展道路，或是成绩无法占据上游）面前，你根本无法预料热情将消退得多快。相反，做出一个现实利益最大化的选择以后，你可以始终感受到这个选择为你带来的优势，这种优越感与持续的幸福感可以激发出更长久的热情。因此，在选择科目前，你最好就已经对未来的人生规划有一个大致的蓝图，做出的选择一定要是“理由充分”的。

其次，在新高考体制下，高中三年的大考频率显著提高，除了最后的“大 boss”高考，还多出了各种英语考试、学考与选考，每一步都需要牢牢把握。不过，即使你在其中一场考试里失利了，也不是什么大事，它并不意味着你需要在未来的考试中以何种程度去弥补——归根结底，新高考的存在是为了更全面地评估你的真实能力，而不把鸡蛋都放在一个篮子里。因此，这一次失利事实上并没有影响你的全面表现，你要做的，是庆幸这一切并没有发生在高考里，然后认真反思，总结疏漏，继续向前迈进。

再次，在高中三年里，你要先有一个小目标，可以是编一本自己的高考教辅——永远积极地去收集和获取一切有用的信息，但别偏听偏信、别对任何一方抱有绝对的信任。又一次，我要说，忠于自己的感受——用自己的话表述所学知识，用自己的方式安排学习，对自己的学习生活培养起一种主角心理和操控感。要想打赢高考一仗，心态上就要凌驾于高考之上，要从出题人的角度思考问题。高中的每次大考前夜，我心里完全没有紧张和焦虑，只有兴奋和激动——即将再次参加一场与出题人的博弈的激动。我会在心里猜测明天的考试会出现怎样的题型，哪些知识点可能会被考到，出题人可能会挖哪些坑，并根据自己的这些预想给出答案或者思路，来反思自己有没有复习全面。这样不仅能增添信心，还转移了注意力。考完试以后，我会回味自己的猜测哪些中了、哪些没中，就像是在清算一场赌局。在一次又一次的揣测中，在对往年高考题目的趋势分析中，我逐渐摸透了出题老师的普遍套路和口味。在我的心里有一本待出版的教辅，它的语言比市面上所有教辅都生动接地气，它充满了大多数教辅覆盖不到的我自己总结的“独门秘籍”，它充满了大多数教辅不会教的猜题、蒙题的“奇技淫巧”。我想，每个人都值得拥有这样一本属于自己的“教辅”。

最后，把握眼下的时光。如果要问我最想给高中的自己寄什么礼物，不是王后雄，不是五三，我最希望寄给自己一台相机。高中是人生轨迹里为数不多的目标明确又能心无旁骛为之奋斗的黄金时光，最纯粹的友情，最热血的战友情，最充分的来自全世界的关怀……一切都在闪闪发光；一切都值得被铭记和纪念。愿你把握住它，做让自己不后悔的事，不仅仅是学习，还有值得回忆的精彩冒险。愿你发现高中时光里每一天的美与幸福。

愿你有所热望，愿你时刻惊叹。

邵健冲

清华大学

学区	辽宁盘锦
语文	122
数学	144
英语	141
理综	283
总分	690

人生是一场修行，高考固然重要，但之后的路还很长，希望大家能放宽视野，重剑无锋，平和的心态才是最有力的武器。

跟时间要效率

第07章

高考对于每个人都是公平的，同一张试卷、同样的时间。如何在相同的备考时间里取得最大成效，便成为每个同学都关心的问题。

认识我的人可能觉得我学得很轻松，有的同学放弃休息和娱乐，时时刻刻都在埋头学习，但实际上这样做的结果就是学习效率极低，反倒不如好好休息，合理安排时间来学习。好的学习方法就是让我事半功倍的秘密武器。凭借好的学习方法，我在高中时才能娱乐、学习两不误。

学习效率是决定学习成绩的重要因素。那么，我们如何提高自己的学习效率呢？

一
自信——激发你的潜能

很多的科学研究都证明，人的潜力是很大的，但大多数人并没有有效地开发这种潜力，这其中，人的自信心是很重要的一方面。无论何时何地，你做任何事情，有了这种自信，你就有了一种必胜的信念，而且能使你很快就摆脱失败的阴影。相反，一个人如果失掉了自信，那他就会一事无成，而且很容易永远陷入自卑之中。

二

用心——才能有效

提高学习效率的另一个重要的手段是学会用心。学习的过程，应当是用脑思考的过程，无论是用眼睛看，用口读，或者是用手抄写，都是作为辅助用脑的手段，真正的关键还在于用脑子去想。举一个很浅显的例子，比如说记单词，如果你只是随意地浏览或漫无目的地抄写，也许要重复很多遍才能记住，而且不容易记牢，而如果你能充分发挥自己的想象力，运用联想的方法去记忆，往往可以记得很快，而且不容易遗忘。现在很多书上介绍的英语单词快速记忆的方法，也都是强调用脑子联想记忆的作用。可见，如果能做到集中精力，发挥脑的潜力，一定可以大大提高学习的效果。

三

情绪——前进的发动机

另一个影响学习效率的重要因素是人的情绪。我想，每个人都曾经有过这样的体会，如果某一天，自己精神饱满而且情绪高涨，那么在学习一样东西时就会感到很轻松，还能学得很快，其实这正是我们的学习效率较高的时候。因此，保持自我情绪良好是十分重要的。我们在日常生活中，应当有较为开朗的心境，不要过多地去想那些不顺心的事，而且我们要以一种热情向上、乐观的生活态度去对待周围的人和事，因为这样无论是对别人还是对自己都是很有好处的。这样，我们就能在自己的周围营造一个十分轻松的氛围，学习起来也就能感到格外精神。

四 休息——聪明的学习

我们经常看到这样的情况：某同学学习极其用功，在学校学，回家也学，还不时熬夜，题做得数不胜数，成绩却总上不去。其实面对这样的情况，我也是十分着急的。本来，有付出就应该有回报，而且，付出得多就应该回报得多，这是天经地义的事。但实际的情况却并非如此，这就是效率不够高的结果。学习效率的提高最需要的是清醒敏捷的头脑，所以应该适当地休息，娱乐不仅仅是有好处的，更是必要的，是提高各项学习效率的基础。

五 预习——让课堂45分钟更高效

上课时的听课效率如何提高呢？以我的经验来看，课前要有一定的预习，这是必要的。不过我的预习比较粗略，无非是走马观花地看一下课本，这样课本上讲的内容、重点大致在心里有个谱了，听起课来就比较有针对性。预习时，我们不必搞得太细，预习得过细一是浪费时间，二是上课时未免会有些松懈，有时反而忽略了最有用的东西。另外，如果没有学习新授课的内容，就无法把握该节的整体脉络，容易在无关紧要的问题上花费过多时间精力，得不偿失。上课时认真听课当然是必需的，但就像我以前的一个老师讲的，任何人也无法在一节课上始终集中精力。也就是说，连续四十多分钟集中精神不走神，是不太可能的，所以上课期间也有一个时间分配的问题，预习可以让你在老师讲一些你很熟悉的东西时，适当地放松一下，但是不要过分放松，否则可能会错过重点、难点。

六

笔记——有时反而可能成为一种负担

记笔记有时也会妨碍课堂听课效率。如果一整节课就忙着抄笔记了，那么你可能会忽略一些很重要的东西。但这并不等于说可以不抄笔记，不抄笔记是不行的，人人都会遗忘，有了笔记，复习时才有基础。有时老师讲得很多，黑板上的板书也很多，但并不需要全记，书上有的东西当然不需要记，要记一些书上没有的定理定律、典型例题与典型解法，这些才是真正值得去记的东西。否则见啥记啥，势必影响听课的效率，得不偿失。

七
选题——重于做题

做题的效率如何提高呢？最重要的是选“好题”，千万不能见题就做，不分青红皂白，那样的话往往会事倍功半。题都是围绕着知识点设计的，而且很多题是类似的，所以同学们可以先选择想要得到强化的知识点，然后围绕这个知识点来选择题目，题目并不需要太多，类似的题只要一个就足够，选好题后就可以认真地去做了。做题效率的提高，很大程度上还取决于做题之后的总结，对于做错的题，应当认真思考错误的原因，是知识点掌握不清还是因为马虎大意，分析过之后再做一遍以加深印象，这样做题效率就会高得多。

八
时间——你最该分配好的资源

提高学习效率的一个核心思想是“把劲儿使在刀刃上”，即合理分配时间，听课、记笔记应抓住重点，做习题应抓住典型，这就是学习中的“事半功倍”。笔记不一定要五颜六色，那样会造成视觉疲劳，记起来也不容易坚持。笔记最好要做到清晰，易于自己复习。格式上可以参考康奈尔笔记法，即分栏进行记录，把详细内容居中，两侧分别记录中心思想和思考内容。在详细记录的过程中，可以运用自己独创的一些字符与缩略符号，一方面可以加快复习时的检索速度；另一方面也可以形成自己的思维体系。

各位同学在学习时不妨给自己定一些时间限制。长时间地连续学习很容易使自己产生厌烦情绪，这时可以把功课分成若干部分，把每一部分限定时间，例如限定在一小时内完成这部分的练习、八点以前做完那份测试题等，这样不仅有助于提高效率，还不会产生疲劳感。如果可以的话，就逐步缩短所用的时间，不久你就会发现，以前一个小时都完不成的作业，现在四十分钟就完成了。不仅仅是学习中的时间需要规划，我们宏观的学习时间，在一天的生活中所占的比例，同样需要合理规划。比如我们可以在周末安排五个小时来学习，然后把这五个小时有计划地安排在一天中，从而避免厌学情绪的产生，充分的休息也更能让我们的身体和心理得到放松，从而提高学习效率，得到更高的效益。

规划学习的专属时间

第08章

学习其实是人生中的第一个事业，应对高考这一场检验，专注必不可少。所以，重中之重是规划好自己的学习专属时间。

一

一心不能二用

一心不能二用的道理谁都明白，可还是有一些同学在边学习边听音乐。或许你会说听音乐是放松神经的好办法，那么你尽可以专心地学习一个小时后再全身心放松地听一刻钟音乐，这样比戴着耳机做功课的效果好多了。

在学习时听音乐很大程度上会分散注意力，如果改不了这个坏毛病的话，可以先尝试听一些轻音乐来过渡，不要听有歌词的或者节奏感太强的音乐，否则可能会导致严重分心，甚至丢下手中的学习任务去听音乐。边学边玩，最有可能的结果是既没有学好，也没有玩得尽兴，没有达到我们劳逸结合的初衷。劳逸结合就是应该学习和娱乐交替进行，疲劳之后的娱乐能让我们得到充分的放松，娱乐之后的学习也能让我们的精力更加充沛，越学越轻松。

二

制订自己的番茄时间

在这里，我给大家推荐一种叫作番茄工作法的学习方法，希望能对大家有帮助。番茄工作法，创始人叫作弗朗西斯科，算不上很有名，也不是我们平常以为的那种好学生，他的大学刚开始过得浑浑噩噩，书读不进去，效率低下。为了解决这个问题，他就跟自己打赌，找一件物品来帮助自己计时学习，看能不能集中注意力。而在那个手机还没有普及的年代，只有一个外形酷似番茄的厨房定时器能实现他的需求，他定好25分钟的番茄钟，在番茄钟开启之前，把所有可能打断工作的活动都做好。比如喝水、吃苹果、上洗手间、向同学借参考书等。排除一切干扰以后，在25分钟的番茄时间内，他全然专注于手头上的工作。这么看来，番茄工作法其实就是每完成一个番茄时间，也就是工作25分钟，就给自己一个5分钟的休息时间，连续完成四个番茄钟后，休息15分钟，感觉是不是很简单？这是一个能够帮助你提高效能的实用性工具。

1	事前准备：一支笔，一份待办事项清单，以及一份番茄记录表格。在执行这个方法前，你需要把所有的事都写到待办清单里，这个时候，你可能想到一件事，就写一件事，没有轻重缓急。但是当你要开始一天的工作时，就要安排每件事完成的顺序和所需的时间，我把它们叫作排程法。
2	将这些事情抄写到今天你的番茄记录表格当中。将计时器打开设置一个25分钟的时间，开始专注于工作，这里的计时器既可以是你手机当中的闹钟，也可以是一个专门的番茄计时器。25分钟内要谨慎地避免自己被打断。你很可能会说万一我想上个洗手间，点个外卖，回个微信，或者有人突然打电话来怎么办？遇到这样的情况，你千万别慌，先看看这些事是不是你现在必须立刻去做的，如果不是，那你可以把它们记录到番茄记录表当中的计划外的事项，记录好了以后，立马回到工作中来，如果非要打断工作不可，那么这一次番茄时间就一定要作废，等你处理好事情以后，再重新设置一个。

每当25分钟结束闹铃响起，你可能还觉得自己有一点意犹未尽，已经沉浸到工作状态里去了，这个时候要不要停止呢？

我的建议是：当你的思路进展正处于活跃且连贯的状态时，而且疲惫感并不是那么强，那么你可以考虑适当延长番茄中的时间，甚至你可以直接进入下一个番茄钟。但是你也要清楚，其实番茄工作法的一个周期也不过就是25分钟，时间还是比较短的，因此在你的任务安排当中，如果是需要高强度的连续完成的工作，你究竟是否还适用于这个方法，需要你思考和做出判断。

一般来说，当一个番茄钟结束的时候，我们最好是立即停下手头的工作，在番茄记录表上标注完成，然后开始5分钟的休息，在你的休息期间，不要想与刚才的工作相关的内容，这样有利于放松你的大脑。

以上就是番茄工作法执行层面的内容，我要特别说明的是，如果你是一个能够连续做很长时间事的人，那么一般你可以在完成一个番茄钟的时候，就进入并完成下一个番茄钟，中间不一定要休息5分钟。比方说我，一直以来都是一个非常专注的人，我可能就不太需要番茄工作法当中5分钟的休息时间，而且大家也不必拘泥于四个番茄钟为一个休息单位，可以灵活地按照自己的实际情况来做调整，以达到最优效果。

怎样学好语文和物理

第09章

一

我是这样学语文

关于高中语文的学习，我有一些独到的心得要和读者们分享。

我是一名复读生，第一次参加高考语文成绩 104 分，第二次高考语文 122 分。这其中一年的努力和方法对成绩的提高作用不可忽视。

对于高中语文学科，其实很多人存在或多或少的误解，尤其是很多理科学生，由于对于语文的地位认识不清、重视程度不够、学习方法模糊、提升成绩无头绪，导致最终的语文成绩不尽如人意，影响整体高考水平的发挥。

作为一名在一年中集中精力学习语文并取得一定成效的复读生，我愿意分享关于语文学习的心得，供大家参考。

(一) 语文为什么重要

对于语文的地位，我们应该有更加清醒的认识。对所有高考生而言，语文都可以说是至关重要甚至最为关键的一科。作为高考科目中的第一科，是红运当头还是出师不利，对后续考试的发挥有着不可小觑的影响。正所谓“高考，实力心态对半开”，如果交上语文卷后心中始终忐忑不安，甚至自认语文考崩，那对后续几科考试的发挥和影响是毋庸置疑的。以我自身为例，参加

2018年高考时，我交上语文试卷后，对于试卷上的十三道选择题仍有许多存疑，当天中午便忍不住询问其他同学答案，在下午的数学考试中也没有能够及时迅速进入考试状态。第一天考试结束的晚上，怀着忐忑的心情，我上网查了当天的非官方语文答案，发现十三道选择题只有不到一半和答案一致。当天晚上，我怀着沉重、懊悔、绝望的心情躺在床上，调整很久后才得以进入睡眠，第二天考试的状态自不必多说。可以说，语文的崩盘，直接影响了后续几场考试的发挥，以致一科崩，科科崩，强势学科也没有考出该有的优势，自交上一份糟糕的语文答卷那一刻起，便注定了我第一次高考的败局。

第一次高考失败后，我对语文的学习进行了深刻的反省。除了考试时间的安排和对后续心态的影响，语文的重要性更体现在理科尖子生们的身上。在我参加高考的省份，数学和理科综合的高考试卷难度多年处于中等水平，即中等偏上的学生就能拿到很优秀的成绩，上游的非尖子生也几乎可以得到满分。因此，在尖子生之间的高考博弈中，想让自己脱颖而出，大多数时候并不能指望在理科上拉开很大的差距。这一点至关重要，但在参加高考之前却被我们频频忽略。究其原因，我发现，平时测验和月考中，理科试卷的难度要高于高考，而语文的难度和试题质量、选拔率都要远远低于高考真题。这种现象其实不难解释：高考作为全国性考试，需要全面考虑各层次考生的实际情况，因此并不会在理科试卷中设置过多难题，但在日常的学校模拟、练习中，老师们更愿意给同学们抛一些难题，以此提高同学们的理科思维水平和解题能力。而语文恰恰相反，一份高质量、高水准的语文试卷可谓“一卷难求”，需要从试题材料选择、话题领域全面平衡、试题类型新旧兼顾、辩证思维和读写能力的全面考查、符合社会主义核心价值观、达到以题育人的目的等方面考虑，因此，在日常的练习题中，想要找到一份真正高质量的语文卷实在困难重重，大多数的练习题都是我们所说的“套路题”，这也直接导致在这种试卷下，无法很好地区分出学生的语文素养高低，因此，大家最容易对语文产生的错觉就是“语文，就是学或不学，成绩都差不多”，这个想法可能会在平时的考试里得到无数次的验证，但是在高考考场上，这个误解足够让你一败涂地。其实高考命题人和学校双方的倾向从各自的立场来看都无可挑剔，只是这其中的差异却给作为考生的我们带来许多迷惑，因此，我们更应该时常反省：我们所做的究竟是不是对高考真的有帮助？我们努力的方向准确吗？

在思考过语文学科的重要性及对第一次高考失败归因后，我便做出了复读的决定，并立下明确目标，决心在复读的一年里重新端正学习语文的态度，一切从头开始。

（二）把握试卷脉络，有目的性地提分

要提高这门“历史遗留”的弱势科目，我很清楚这并非一项短期工程，需要长期的可执行的科学计划。针对高考语文卷来制订计划，是最直接、最有效的。高考的语文全国二卷分为以下几部分：论述文本、实用类文本、文学类文本、文言文、古诗词、

基础知识、写作。下面，我将按照题型逐个展开，谈一谈我对试题的理解和一些准备方法。

1. 论述文本

给出一篇学术论文，设置三道选择题，即“小阅读”，这道题一直以来被许多同学戏称为“玄学”。名副其实，同一个学生，上一次考试中三道题全部做对，很有可能在下一次练习三题时分数尽失。归结起来，我认为原因有三点。第一，由于学术论文题材并不确定，有可能是社科文章，也有可能是自然科学类论文，所以，对于文章中词句的把握、严谨性衡量都有所区别。第二，很多同学在阅读过程中自然地由文章中所讲述的内容联想到自己知识储备中的相关内容，导致片面或者不准确地获取文章信息。对此，同学们应该注意：这篇学术论文阐述的是作者的个人观点，文章下面的选择题是关于作者观点的客观转述，而非读者的主观臆测和理解，因此，在读文章时，尽量避免主观观点掺杂其中是很重要的做题规范模式。第三，很多同学并不清楚这道题的套路与创新何在，把一道常规的“送分题”当成创新的“拔高题”，在做题时剑走偏锋、铤而走险，结果白白丢掉了并不应该出现区分度的分数。而面对创新题时却洞察能力不足，以平常练习的常规做题模式套入其中，却发现并没有十分恰当的选项，最后只好选一个模棱两可的选项，结局自然是丢掉分数。在尖子生的竞争中，丢掉一道三分的选择题很有可能导致无法达到预期的录取线。下面我就来具体讲一讲这类题的常规出题模式和可能出现的创新类型。

常规的错误有以下几种：偷换概念、范围扩大或缩小、无中生有、逻辑（关联词）错误、颠倒是非、张冠李戴、强加因果、程度失当（过于绝对）。命题人为了构造出这些种错误选项，一般采用修改词语或句子顺序、采用指代词、运用一些修辞来达到形象化说法等方法。这也正是考查同学们语文素养的关键点。在做选择题时，一定不要一味地上下比对原文和选项，原文和选项不同的地方可能有错，值得关注，但是原文和选项相同的地方却不能保证一定是对的，同样的一句话，在原文的语境下和在选项中的语境下很有可能表达截然不同的含义。因此，我们需要在读文章时读懂论文作者的思路、体会论点的含义、把握作者每一句话的程度。在做选择题时，读选项的陈述也要体会出题人的目的，不要被表面的一两个字迷惑，不能忘记句子的整体结构和表意。考试说到底其实是考生和出题人之间的博弈，如果能从命题的句子中把握到出题人的出题思路、考查想法，那么我们一定可以更好地在这场博弈中得到更多分数。关于这道“小阅读”的创新，其实说到底是“换汤不换药”，受制于标准试卷的选材和考查点的比例要求，出题人并没有办法改变这道题的本质，所以，做出的改变无非是选材更新颖，选项表述形式鲜见，同学们需要具备一双慧眼，平时多多练习，才能在看起来新鲜、陌生的题目面前洞穿其本质，利用平日的经验准确解题，拿到分数，而不是看到新题就慌，把平时的常规做题模式全都扔到一边，让努力付诸东流。在平日练习论述类文本阅读题时，要养成良好的阅读习惯。第一遍阅读时，要详细读懂每一句话，并理解前后句子之间的关系，明白作者在其中表达的含义，对存有疑惑的句子进行适当标记，供后续重读或做题时再来比照理解，这个过程大概需要5~6分钟。第二遍阅读采用跳读，重点在于画出段落分层，找出每一个层次的层意，每个论点对应的论据，梳理全文的脉络，并对第一遍没有读懂的地方结合全文层次重新进行分析。在这个过程中，对于重点的过渡句、总起句、总结句、标明立场的句子一定要给予充分的重视并标注出来，这个步骤需要1~2分钟。接下来就可以开始做题了，阅读选项的方法和阅读原文的第二遍跳读类似，注意划分句子结构层次，找到主、谓、宾等句子关键成分，比照原文，在不同之处用心体会选项与原文的含义究竟是否一致。三道选择题中，第一道侧重考查对原文本身信息的提取，即信息比对，一般可以认为，不同的地方有很大概率是错误的，创新性较弱，更侧重对基础能力的考查。第二道选择近年来变化比较大，有以下几种创新类型：考查议论文的论述手法，考查议论文的论点提取，考查议论文中论点、论据的对应关系，考查议论文的总体文章结构，甚至还出现过对文章论点的理解考查，或是ABCD四个选项都是关于文章所谈论的领域的一些问题，要求考生选出与作者观点不同的一个选项。不难看出，这第二道选择题自从创新以来，便向考查议论文这一文体本身的文体特点、写作方式的方向靠拢，因此，这一部分与写作有一定的沟通衔接性，同学们一定要先弄清楚议论文常用的论证方法，平时注意积累一些议论文的谋篇布局结构，这样才能具备解答这一选择题的能力。第三道选择题，一般在选项中不会出现过多的原文字句，要求考生从原文的叙述中进行适当推断来判断对错。这道题的变式比较少，但是很难保证做题的正确性，由于对文章叙述理解的偏差、程度上的把握不准确，很多同学容易在这道题上失去分数。最后，值得注意的是，由于同学们都不愿意在第一道论述类文本阅读题失去分数，总有一种再看一看一定能做对的“错觉”，所以很容易陷在第一道阅读题的泥沼中久久不能自拔，对此，我们应该清楚：语文试卷的150分中，第一道阅读题只占了9分而已，切莫因为舍不得芝麻而丢了西瓜，想要把后面的题做好，让语文卷整体有一个比较满意的分数，留给后面的题目充足的时间是十分必要的。个人建议，第一道论述类阅读题在9～12分钟内完成。

2. 实用类文本

第二部分，实用类文本的阅读。这类阅读题的文章多是新闻或科技产品介绍，偏重实用功能，因此重点考查考生的阅读、提取信息能力，一般来说，这道阅读题的难度较低，模式比较固定，经过一定的系统练习和题型总结后，多数人可以做到基本不丢分。但是也正因为这道题常年不变的模式，导致基本体现不出区分度，近年来命题人更愿意对往年固定模式的考题推陈出新，做出变化，达到出其不意地考查考生临场发挥和真正语文素养的目的。因此，同学们也要注意多多见识一些新题型，对可能出现的创新题型做好心理准备，在考场上才能积极应对。关于这道题的常规解题手段，可以总结如下：阅读文章时，在读懂字句的基础上概括段意、每则材料的中心，而且应该明确每则材料之间的关联，作为多则分离式的材料，实用类文本的特点正是在于各则材料论述点相同而切入角度不同，因此，命题人常常抓住这一特点进行考查，我们应关注各则材料的相同点与不同点，综合比较后从整体理解文章的含义。常见设题形式有两道选择题和一道简答题。其中选择题类似于论述类文本阅读的选择题，但难度更低，因此不再赘述；简答题一般以信息筛选题为主，但比较新颖的练习题中也常见比较材料的不同侧重点、不同论证方法。一般来讲，这道 6 分的简答题绝大多数同学可以得到 5 分，但拿到 6 分的同学寥寥无几。想要得到很高的分数，务必准确把握文章的脉络，读题后返回文章寻找答题点，另外，有些文章中与问题相关的点多而杂，却都不详细，这时，同学们应该注意对答题点进行适当的整合，老师在批卷时多是看点赋分，对于超过四点的答案，很少有阅卷老师能耐心读完全部答案，因此，同学们每次做题都要保持分点答题的习惯。

3. 文学类文本

第三部分可以说是整张语文卷的重头戏——文学类文本阅读，即可能出现小说和散文。这部分难度最大，最需要投入精力，同时也最见真本领。下面我会花大量篇幅来说明这部分。对于小说，我们应该时刻紧扣小说的要素来阅读和思考问题，即人物、情节、环境，结构、手法、主旨，此外，还需要结合一些小说作者、创作背景等文本外因素来思考问题。其中，人物可以进一步扩展为形象，即人物或者事物的形象。形象的塑造正是一篇小说的点睛之笔，文章的情节靠人物来推动，文章的主旨通过人物来揭示，塑造好的人物或事物形象，是小说中吸人眼球、浓墨重彩的一笔。情节，是小说的文本一大特色，相比于其他文本，小说的情节解释了小说之为小说的原因。小说情节的安排又分为小说的记叙顺序、材料的组织方式、线索的运用、结构安排的手法等。小说正是在情节中塑造人物的形象、揭示小说的主旨，因此，归纳明确小说的情节安排，是读懂小说、读懂人物的关键所在。环境，既包括自然环境（景物）又包括社会环境，同学们在平时的练习中应该多关注、积累常见的环境特征所对应的作用。对一些感性感知能力不太强的同学来说，环境描写中要传达的隐形情感比较难以提炼，因此，日常的积累就显得格外重要。小说的环境直接体现了小说的艺术性，环境既可以侧面展现出人物形象，含蓄地表达人物的心情，又可以推动情节的发展，侧面揭示小说的主题。准确理解环境描写，是确保小说得到高分的必要条件。关于小说的主旨自不必多做解释，就是作者写作本文的目的，即通过小说这一媒介，作者想要传达给读者什么样的信息。小说的作者身处什么样的时代，经历怎样的事情，怀着怎样的情绪，都会对文章的主旨产生很大的影响。因此，我们在阅读小说时同样应该关注时代背景、作者生平，力争做到知人论世。关于如何提高小说阅读题的得分，我是这样做的：

首先应该明确小说的常见“套路”题型和固定解答模式，这种题型归纳比较容易找到，许多练习册、辅导书上都有相关介绍，但据我所见到的参考书来讲，虽然答题模式简单易得，但大多难以全面，即使全面，也多烦琐零碎、无从记忆。因此，在这里，我把常规题型和答题模式总结如下。一个问题，可以拆分为两部分，一部分是提问的对象，一部分是提问的方向。提问对象可以总结为：形象（人物、事物）、环境（自然、社会）、情节、主旨。提问方向可以分为：是什么、怎么样、为什么（达到的效果、作用）。将这四类对象和三种方向进行随意组合，就可以得到我们常见的十二种问题。例如，将“形象”与是“什么”组合，就可以得到“本文塑造了什么样的人物形象”；将“环境”与“怎么样”组合，就得到了“本文是如何描写 ××× 的自然环境的”；将情节与作用联系起来，就得到了“文章中 ××× 情节有什么作用”……除此之外，还有一些没有纳入这个体系但很常见的常规题型，比如“标题的作用”“文章的线索是什么”“文章线索有什么作用”“文章的开头 / 结尾 / 关键的句段的作用”等，这些都需要同学们在日常多次见到时注意积累。关于这类常规题，我总结了一套可以基本全面覆盖的思考模式，不论题中所问的对象为何，我们都可以根据提问方向，采取以下的答题模式：

提问“是什么”时，这种问题一般比较简单，而对于情节是什么的题目，我们只需要找到位置，然后进行分层、概括、总结、分点答题拿分就可以了。在对情节的概括题中，比较容易失分的地方正在于层次的划分。划分层次应该做到不重不漏，既要做到划分清晰，又要避免过于零碎。一般来讲，情节的划分点可以选在时间的变化节点、环境的变化节点、故事开端—发展—高潮—结局中情节转折的点，以及比较少见的叙述人称变化的点、表达方式变化的点等。而提问人或物形象或事物形象时，需要注意明确文中的哪些文字可以概括出相关形象。一般我们可以从情节、环境、主旨、其他人或事物等角度来考虑。情节的发展一般是由人物推动的，情节讲述的正是人物的活动，因此，我们要从情节中观察人物的活动，从而可以体会人物的形象。环境也可以在一定程度上反映人物形象，作者写作小说时，将人物的活动置于一定的社会背景或景物条件下，一定有其安排的目的。因此，我们注意观察、体会环境中所渲染的氛围，从而可以达到从侧面概括出人物形象的目的。此外，其他人物的话语、评价、对问题中人物的态度和反应，或从正反面衬托主要人物，还有一些物象的固定象征意义、采取的暗喻等手法，都可以反映出人物的形象。最后，从主旨切入也可以在一定程度上把握人物的形象。作者塑造人物形象的主要目的是表现文章的主旨，因此我们可以这样思考：为了体现这样的主旨，需要什么样的人物形象？就可以从主旨反推出人物的形象，并且达到人物的形象和主旨统一的效果，从而对文章的理解更加透彻。关于“是什么”的问题中，最难处理同时也是最核心的问题便是“文章的主旨是什么”，这考查的是考生对文章的整体把握能力，因此，这道题最难答准，即使答准，一般也很难答得全面。需要注意的是，对于一些小说本身很通俗易懂、主旨理解起来比较容易的题目，我们应该把答题重心放在对主旨的分析上，即一两句话点明主旨后，用二到三点揭示为什么你觉得主旨是这样的。而对于文章内容比较丰富、文章本身比较难理解的题目，我们应该做到优先阐明主旨，可以多写一些来扩大答案的覆盖面，但注意一定不能出现前后叙述自相矛盾的情况！有些文章层次很丰富，内容包含的维度比较多，这种小说的主旨通常也比较复杂，很可能含有不止一个层面，同学们要注意准确分层概括。想要把主旨找准，我通常从下面的几个方向切入：看人物、情节、环境。在人物上，看作者塑造出的人物形象或事物形象是否具有什么象征或比喻意义，如果有，通常来讲，作者设置的引申含义都会与主旨有关。情节上，可以看作者通过用词、话风的变化，体现出了作者对不同的人物有怎样不同的看法，从而反映作者的立场和要传达的思想。最后，环境同样对主旨的表达有着不可忽视的重要作用，尤其是对社会环境的交代，同学们一定要多加注意，绝大多数情况下，文中所出现的社会环境铺垫都是为了下文的情节展开搭建舞台，在什么样的舞台上演什么样的戏，就决定了故事传达给我们怎样的感受和思想。相同的人物做相同的事情，在不同的时代背景、不同的社会场合下具有不同的意义。除了上面的因素，还有一个指向性很明确但需要慎用的方法，即作者生活的时代、社会状况以及作者的生平。如果在小说的末尾注释处有相关的说明，同学们一定要利用这个条件。要记住，命题人不会给毫无用处的信息，所以当发现末尾处有关于作者生平、写作年代或者其他名人关于本文的评论等信息时，一定要结合注释的内容，根据原文理解注释，如果能很好地用原文来解释为什么注释会给出这些材料，那就说明我们基本正确理解了文章的主旨。我之前说这种方法有时一针见血，但有时用起来又很危险，尤其当文本并没有明确表明有关作者和创作背景的信息时，有些知识涉猎比较广的同学一见到熟悉的作者，便用自己掌握的关于作者的信息对文章进行理解，这种做法是绝对错误的。不仅因为先入为主会扼杀阅读中对文章产生的自然而多角度的观点，而且即使对于同一位作者，在其人生的不同时期，甚至同一时期的不同文章中，文风和思想立场都有可能是具有巨大差异甚至是前后截然相反的。因此，对于“知人论世”，我们应该在材料给定时利用好材料，而材料不给出注释时，即使知道也要当作不知道。

提问“怎么样”时，思考的模式同样相差不大，怎么样塑造人物、怎么样描写景物、怎么样推动情节发展、怎么样表现主旨……这一类“怎么样”的问题，我们统称为鉴赏类题目。即对作者采用的手法技巧进行赏析。鉴赏人物形象的塑造方法时，首先要着重考虑的就是采用的手法、修辞，答题时先简洁明了地点出手法，然后对手法进行分析，即你认为作者为什么用了这样的手法，最后指出这种手法达到的艺术效果，突出了人物怎样的形象。除了手法之外，还应该特别关注表达方式，一般来讲，塑造人物的主要手法肯定是描写，但有时作者写人时饱含情感，用抒情的表达方式写人，有时又客观公正，用议论的笔调写人，有时讲述一些故事，通过举例来表现出人物的形象。这些都是不常见的、跳出套路的写人方法，因此也值得鉴赏。提问怎样描写环境时，作答方式与写人大同小异，除了注意手法和修辞之外，还应该特别注意写景的角度，即正侧面、多感官、“八大结合”等。作答描写景物的题时，最好多用一些概括性词语来点明景物的形象特点，从而围绕这些景物特点答出作者是如何体现这些特点的。提问怎样展开故事情节时，同样需要优先考虑手法，此外，情节所独有的特点，如叙事顺序、叙事角度（人称）、叙事口吻、叙事风格、以议论推动情节发展、把情感融入情节发展等，都是同学们需要在做题中不断积累的答题方向。

关于“效果题”，即问文中所描写的某个人物、某个事物、某种环境、文中的某个情节有什么作用。这种题套路最明显，看起来比较难，但一旦掌握了正确的思考模式，便可以游刃有余。

对于这种题大家需要记住一个口诀，叫“三位一体”。“三位”即人物、情节、环境，“一体”即读者，除此之外，还应考虑到作为一篇文章，其主旨也是核心要义。因此，这种题我们从五个点考虑：人物、情节、环境（三位）、给读者带来的感受（一体），外加对体现主旨的作用。常见的有关人物的答题点有：体现人物形象、为人物出场做铺垫、揭示人物的某种心情。关于情节的答题点有：推动情节发展、为后文情节埋下伏笔或做铺垫、照应上文的某一情节、使情节陡然转折、增加波澜等。环境方面的作用有：描写了某种环境，交代故事发生的年代和背景、渲染某种氛围等。从读者角度考虑，读者即我们考生本人，这一方面的答案答题点一般比较靠后，即可能不会出现，但出现的时候有很大概率会产生分差，所以我建议，同学们觉得可能有这一点作用时，尽量答上这样一点。想把读者（或者叫表达效果）方面的作用答好，需要同学们培养自己对文本的感知能力，能准确地体会到作者在文字背后想要传递的引申含义。语文功底不是很深厚的同学则需要多见识多积累，语文素养可以培养，对题目和文章的感知能力也同样可以通过不断地练习得到提高。

以上就是我花费了大量的篇幅阐述的关于小说的各种题型和对应的解题方法。因为小说的迁移价值很大，当弄懂小说的各类题型后，再去解答散文题，甚至诗歌鉴赏题时，都可以一定程度地套用小说题的模式，只要进行适当的变通，就能够得到一份很不错的答案。当然，不同的问题之间还是有不小的区别，下面说一下散文与小说的异同。

作为文体，散文与小说最大的区别，通俗来讲就是，小说是虚构的，可能有实体模型，但其中文字叙述的故事却不具有真实性，而散文则是对真人真事的直接叙述。作为考题，散文与小说的区别则体现在：小说有时晦涩难懂，隐喻成分比较大，而散文的文本一般不会选择过于难懂的文章（防止大家都读不懂，全体分数都很低的考题同样是不合格的）。因此，一篇难度大的小说通常难在主题晦涩难懂，作者旨意难以捉摸，而一篇难度大的散文往往是难在对其丰富瑰丽的艺术手法难以把握全面、准确。在散文中，结构的考查要多于情节，手法的赏析要多于作用的分析。在平日的训练里，一般也以小说为主，散文为辅，多数的散文题可以由小说题迁移来解决，但同样有些题型是散文所特有的。最典型的便是理解文中某句话的含义，这也是散文常考题型中难度最大、变化最多的题型。对于理解句子含义的题，我们通常从“三意六看”来入手，“三意”为表面意、引申义、主旨情感意，“六看”又分为句内三看、句外三看，句内三看有看词语、看手法、看句子结构，句外三看有看上下文、看段意、看主旨标题。看表面意，顾名思义，即句子直接传达的、给人带来直观感受的含义。有时同学们觉得这样一层含义实在太简单，甚至有时候过于直白，乃至直白得好像只需要把句子抄一遍，因此很多同学无意中会落下这一得分点。虽然这一答题点非常简单，但我们应该清楚，有这一点的存在才使答案整体变得完整，同时，表面意也是引申义和主旨意解读的基础。看引申义，一般来讲包括两方面，即比喻义和借代义，也就是采用比喻和借代的手法，在表面的文字之外传达出的更加丰富的含义。看主旨情感意，即将句意上升，不再单纯局限于这一句话，而要在本句之上联系主旨，思考这句话从什么角度表现了主旨，在答案中清楚阐释这个问题便是回答了这句话的主旨意。有时主旨意也表现为作者的情感，即在这句话中，体现出了作者什么样的情感，但应注意的是，这种情感需要与作者的核心情感（主旨情感）联系起来。句内看词语，可以挑句中出彩的叠词、拟声词、色彩词、运用得当的动词、形容词、同义复现的动词等。看手法同小说的鉴赏处理，点明手法和修辞后分析并解释作用，但解释作用部分一定要精简，最好只用一句点过，要记住这是一道赏析题，而非作用分析题目。看句子结构这一点至关重要，但很容易被同学们忽略，甚至一部分同学并不清楚还有这样一类答题点，以至于看过标准答案后，对答案的说法仍然如坠云里雾里。看句子结构时，要看前后句之间的关系，常见的有因果关系、转折关系、并列关系、递进关系。其中递进和转折关系应该注意在答案中重点突出后半部分，而对于因果或并列关系，也应该在答题中明确体现出来。在句外，要看上下文，这其中最常见的答题点便是“承上启下的过渡作用”，有时，承上启下可以只答一半，即只答承接（照应）上文或者只答引出下文或为下文做铺垫。同时，看上下文即看句子所处的位置，具体是在段首、文首、段尾、文尾等特殊位置，还是在段中的一般位置，一般在段首有总领下文，在文首有总领全文的作用，段尾和文尾分别有总结上文、总结全文的作用。看段意，即看画线考查的句子所处的文段要表达的含义，从文章表意流畅的角度来讲，一般句子的含义一定为文段的段意服务，因此，读懂整个文段的总体含义，可以避免句意理解的偏差。散文中形象化的表达比较多，相同的话可能带来不同的理解，因此需要段意来辅助句意的理解。看主旨标题，看主旨的含义不用多说，看标题是因为画线句子很有可能和标题在形式上、含义上，甚至引申义上有一定程度的联系，从而形成照应，而“与标题相照应”这一得分点也正是容易被同学们遗忘的，在此特别做强调。

4. 文言文阅读

现代文阅读部分结束，进入第四部分，文言文阅读。一般来讲，文言文阅读的难度并不大，重点在于断句和实词、虚词的积累。三道选择题中，第一道考查断句，除了积累经验别无他法，第二道考查文学常识，同学们应该尤其注意这一道题。在做题量达到一定程度时，在其他的选择和主观题上，大多数同学都对自己的大体情况有相对稳定的把握，但对于文学常识，则是经常摸不到头脑，所以我建议同学们，尽早开始积累文化常识的知识，除了积累平时练习题中的相关选项，还有重中之重的课本上的课内文学常识，包括课内文言文中课本注释给出的古代文化常识和一些专题中讲到的文化常识介绍。第三道选择题一般是对原文中叙述的内容进行正误判断。对于这道选择题，同学们可以巧妙利用其中的叙述，比照原文，可以借鉴选项的叙述，一定程度上理解文中翻译不通的地方，由于四个选项中一般为三对一错，所以，选项还是相对可信的。文言文中的两句翻译，是最难拿到满分也最难拿到低分的题目，同学们做这道题的时候一定要有踩住得分点的习惯，关键词一定要翻译，关键字要单独拆出来体现其现代文中的对应含义，一定要注意特殊句式，并在翻译时体现出来。一言以蔽之，文言文阅读的得分情况很大程度上取决于平时的练习程度。

5. 古诗文

接下来是古诗文默写填空和古诗鉴赏。对于古诗文默写题目，这是全卷中最容易准备的，也是唯一能无偏差押中的题目，可以说，在一定程度上等于“白送分”。然而，把这高考规定的64篇古诗文，能够完整无误地背下来，并有一定信心在考试中不失分的同学却是少之又少，并且有很多同学因为其简单而不及时背诵熟练。这就导致在高考之前这道本应是最简单的题却给同学们带来了最大的压力，因为对于这道几乎等于白送分的题目，没有人愿意白白丢掉分数，所以没有及早背熟的同学在考前势必反复不断背诵。为了避免这种焦虑、不科学的现象出现，建议同学们在第一遍学习文言文时，学过一篇就扎扎实实背熟一篇，切莫拖延。进入古诗鉴赏，这一部分提分难度最大，不可控性也是最大的。想要把古诗鉴赏做好，既需要优秀的语言感知能力，又需要大量的题型积累，可谓最见功夫的一道题。想要读懂古诗文，同学们首先要掌握诗中常见的意象含义，古人在诗中表意往往不同于文章中直接言明，诗歌更加追求优美含蓄。不同派别的诗歌风格不同，不可否认，浅显易懂、直接畅快也为风格中的一种，只是作为考题，表意含蓄的诗歌更为常见。学习诗歌时，要注意诗歌的分类，如边塞诗、送别诗、闺怨诗等，往往每一类诗都有常用的手法、常见的情感，这些都需要同学们多积累，见多了自然形成一定的思维模式，在做题时才能有一种正确的“感觉”。

诗歌的答题方式同样可以从小说迁移，但有所不同。除了写人的诗歌以外，几乎所有诗歌都并不太注重形象的塑造，而更加强调情感的抒发或志向的言明。因此，诗歌中最常见的问题逃不开分析诗人的情感，诗歌在一般不超过十句话的短小篇幅中，却可以表达极为丰富的情感，此时就需要同学们对诗歌的层次、前后关系进行清晰划分，找出每一层次要表达的情感，有时还要概括出诗中未言明但诗人在话外要表达的情感，这也是诗歌最难把握的点，如果能把这一点做好，几乎可以肯定能够与绝大多数人形成分差。除了情感的考查，诗歌中另一个最容易考查的点便在于景物，景物的考查点如“怎样的”“如何描写”“达到什么效果”等都可以参照小说的答题模式，但要弱化小说中关于情节的作用，强化情景关系。除此之外，诗歌的其他题型考查的规律性较弱，同学们更应该注意从诗歌文本本身入手，获取答题点。

6. 基础知识与写作

诗歌之后，便是基础知识和作文部分。今年一直注重基础知识题型的创新，同学们应该多看一些前沿机构、顶尖学校的最新模拟题、练习题，他们的试点考查、题型预测一般都有比较高的可信度。但万变不离其宗，基础知识本质上考查的无非语文知识的积累和语文的思维水平。这些都是可以从日常的练习中得到积累、从思考中得到提高的。

最后一部分，也是重头的压轴戏，便是习作。关于习作，本人并非很擅长，但不可否认的一点是，文笔好、构思能力好的同学，几乎每次都可以在作文得分上取得很大的优势。在作文上，我不做出太多的经验分享，作文并不是短时间内可以得到提升的。对于高一、高二的同学，如果希望进一步提高作文分数，可以与老师多交流，而对于已经迈入高三的同学，个人不建议过多纠结于作文分数的高低，在高三紧张的复习节奏下，为作文投入过多的精力其实并不是十分划算的，尤其是语文前卷成绩仍然不太令人满意的同学，只需要做到写出一篇相对“正确”的作文，保证字迹的工整，逻辑上尽可能做到清晰，就基本都可以得到平均分以上的成绩。

（三）语文学习方法

关于语文的各种题型备考方式，就介绍到这里，现在说一下语文的总体学习方法。

1. 注重积累

学习语文时，我准备了三个厚本（多厚？要多厚有多厚就可以了），这三个本子都是积累之用。第一个本子用来积累基础知识，如常见的或易错的成语、基础题的创新题型、见到的文言常识、实词虚词含义等；第二个本子用来记典型题和常犯的错误，比如小阅读里没有考虑到的点、小说散文中没有见过的题型、诗歌答题时漏掉的点、诗歌里没考虑到的情感等；第三个本子则专门用来记作文的相关事项，例如作文中可能用到的素材、名言，别人的作文中可以借鉴的观点、布局结构，甚至在杂志报纸等读物上读到的犀利论述，都可以摘抄到本子上。积累时一定要注意分类，给每个项目下留够充足的页数（同学们也可以买能够自由装页的活页本，比较方便），本子最后也要留一定的空间，用作后续补充新的项目。

2. 如何充分利用课堂

同学们在第一遍学习课本上的文章时，最好做一定的预习，因为老师在讲课时通常更注重每个具体片段的赏析，往往从小地方入手，做一些精细的讲解，而同学们此时对文章如果没有一个整体的把握，听课时很容易听得云里雾里，即使听懂了老师的意思，也不知道这一处究竟为何以这样的形式出现，而对于进入复习阶段的同学们，老师上课的主要内容一般是前一天的习题，因此不需要做过多的预习，但在做题过程中一定要注意思考，不能单纯以做出这道题为目的，而更应该思考自己对题目背后隐藏的考查点是否清楚、是否对题目的解题思路清晰熟练，做题中遇到的问题一定要适当做出标注，在课堂上着重听老师的讲解，如果有机会还可以适时提问。在课堂上，同学们尽力跟住老师的步伐就好，做笔记要适当！有很多同学在课上只顾埋头认真做笔记，诚然，下课后收获到满满的笔记本或者卷纸确实很有成就感，也有利于后续的复习，但是，上课将过多的时间用于书写，必然会导致对听到的内容思考和吸收不到位。其实老师说的话不是最重要的，最重要的是你听到老师说的话后经过思考产生的崭新想法或疑惑，这些才是得以进步的根本，笔记只要适当就好，在课后看到上课时做的简短标注，能够想起当时的想法，这才是最重要的。如果同学们担心自己在课后对老师上课讲过的内容产生遗忘又没有完整的记录可以参考，不妨在老师空闲时向老师询问。总而言之，听讲的目的不在于得到一份完整的笔记，而是要学会在听课中真正解决疑惑、收获新知识。

3. 课后的努力才是赶超的动力

其实对于高中学习来讲，重中之重在于课后的功夫，因为每天课后可以用在某一学科上的时间要远远多于每天一节课的 45 分钟。而且在课后的自主学习过程中，更容易有针对性地对自己的弱项进行加强，因此，我认为课后自习的学习是更高效、更宝贵的。在课后的学习时间里，一般我会安排如下的活动：整理当天的课堂讲述内容（或者复习新讲授的知识点）；认真完成老师当天布置的作业，并找出其中的问题；学有余力时，多做一些课外题，尤其语文相对弱势的同学，更应该多做一些题，来培养题感和答题技巧。在复读的一年里，我的语文成绩能得到较大的提升，我认为，从策略角度来讲，正是得益于多做题、多见识、多积累。

4. 关于刷题与整理的选择

同学们在刷课外题的时候，务必注意选题的质量，有些练习册中的习题质量着实堪忧，做一套方向正确、题型相对新颖的试卷，可能给你带来许多的收获，而做一套毫无设计新意，甚至答案都有些偏离正确指向的试卷，却是有百害而无一利的。因此，同学们在选题之前，一定要参考老师的意见，最好选择一些在市面上已经出现比较久并能长期占有市场的出版商出版的相应试题。另外，个人并不建议在语文这一科目上购买专项集中练习的练习册，我比较推荐的是各个名校的最新模拟试题汇编，或者一些比较权威的机构的创新模仿试题。因为很多专项练习册中，其所选择的题目其实大多已经脱离当前的出题方向，为了凑够一定的同类题数目，难免会不能保证试题的质量。而各校模拟题和机构仿真题则不同，出卷人大多为做好一套试卷而花更多的心思去打磨每一道题，因此整体来讲试题质量比较高。想练习专项的同学，同样也可以购买两三套试卷，挑其中的需要强化的题目来做练习（其实价格上也没有差多少）。关于刷题，很多同学都存在一定的误解，身边不少的人在做完一套题后都会觉得如释重负，松了一口气后或开始新的刷题征程，或草草对过答案之后就去做其他事情。而我认为，正确的刷题模式，从做完题那一刻起才刚刚开始，因为其实解题、写题本身，能够带给我们的收获实在有限，真正能够提升我们能力的其实是关于题目的总结、回顾，在思考错误、比对答案中进一步提高自己的能力。同时，刷题一定要与整理总结结合在一起，刷题只是一个长见识的过程，只有将见到的答题点整理下来，经过总结，才能真正做到将经验内化，在以后做题时充分利用曾经做过的题带来的经验。整理过程则因人而异，但上述我提到过的三个本子分别代表三类整理内容，想要提高语文成绩，在这三类上不下苦功夫是一定不行的。

5. 打一场聪明的“漂亮仗”

最后，最想告诉同学们的是一句话：“学习要靠脑子。”学语文当然也一样，不要以为题做得多了，整理得整整齐齐了，作业认真完成，课堂全神贯注，语文成绩就一定能够提高。想要让所有的学习步骤为提高成绩服务，我们就务必确保进行每个环节时大脑要在线，时时刻刻思考自己的需求，为了提高某一能力需要怎样的行动，这才是最行之有效的提分法宝。其实语文虽然是一门文科学科，但还是很需要同学们的逻辑思维的，比方在面对小说题庞杂的题目种类时，同学们要如何总结出一套行之有效的应对方法，如何构建知识网络来将所有可能出现的题型包含其中，这都是对我们的思维能力很好的训练，希望同学们看过我的分享，能够对语文有一种新的理解，取得更好的语文成绩。

二 我是这样学物理

相比于语文的由弱至强，物理则是一直以来我最喜爱的科目，毫不谦虚地说，也是我最擅长的学科。

（一）关于物理学习的特点

高中物理被誉为理科之王，学习难度显而易见，是高中理科乃至所有科目中难度系数最高的。很多没有经验的物理老师也尚没有形成自己的体系，从而导致授课内容混乱，没有清晰的课堂结构，可见学习物理光靠理解知识点是远远不够的，但是如果我们在物理学习中能掌握适当的方法，就一定能够学好高中物理，为理综考试打下坚实的基础。

高中物理知识量增大。学科门类虽然高中与初中差不多，但高中的知识量比初中的大且杂乱。新授课理论性增强。这是最主要的特点，也是很多高中生不能有效吸收课堂新授课内容的原因。初中教材有些只要求初步了解，只做定性研究，而高中则要求深入理解，做定量研究，教材的抽象性和概括性大大加强，从而导致课堂授课内容与实际解题存在差距。物理是一门关于模型的学科，模型可以说是通过归纳而得到的具有普适性的研究工具。往大处说，牛顿定律就是一个用于力与运动的研究工具，就是一个模型（然后因为与现实出现了矛盾，人们又提出了相对论修正了模型）。往小处说，在我们平日做题时，就应该有归纳模型和完善模型的意识，这样会有助于快速解题。例如，碰到一个这样的题目：一个斜面放置在粗糙桌面上，有一个木块能在斜面上匀速滑下，然后在木块上施加一个竖直方向的力时，探究桌面是否对斜面有摩擦力。我们可以在笔记本上记下这个模型。然后我们又做到了一个题目，这次施加的力的方向改变了，又或者是小木块的运动状态改变了，我们就可以进一步研究，完善模型。当学习的知识增多时，就很容易记错、记混。因此，可试着按照课文和某些辅导材料中绘制的框架去帮助记忆和理解。有时，适当地对概念进行分类，可以使所学的内容化繁为简，重点突出，脉络分明，便于自己进行分析、比较、综合、概括；可以不断地把分散的概念系统化，不断地把新概念纳入旧概念的系统中，逐步在头脑中建立一个清晰的概念系统，使自己在学习的过程中少走弯路。

在高中物理的学习中，应熟记基本概念、定律和一些最基本的结论，即所谓的我们常提起的最基础的知识。同学们往往容易忽视这些基本概念的记忆，认为学习物理不用死记硬背这些文字性的东西。我们老师曾经说过，死记硬背其实是很有效的，有人就是因为连基本内容都记不住，所以才会连什么时候运用都不知道。我不敢绝对地说物理概念背不完整对你某一次考试或某一阶段的学习会造成多大的影响，但可以肯定地说，这对你对物理问题的理解，对你整个物理系统知识的形成都有内在的不良影响，说不准哪一次考试的哪一道题就因为你的概念不熟悉而失分。因此，学习语文需要熟记名言警句，学习数学必须记忆基本公式，学习物理也必须熟记基本概念和规律，这是学好物理学科的首要条件，是学好物理的最基本要求，没有这一步，下面的学习无从谈起。

高中教材由于理论性增强，常以某些基础理论为纲，根据一定的逻辑，把基本概念、基本原理、基本方法联结起来，构成一个完整的知识体系。前后知识的关联是其一个表现。另一个表现则是知识结构的形成，因此高中教材知识结构化明显升级，综合性增强。学科间知识相互渗透、相互为用，加深了学习难度。如分析计算物理题，要用到数学的函数、解方程等知识，即能力要求提高。阅读能力、表达能力、运算能力、实验能力都需要进一步提高与培养。

（二）物理学习的具体对策

面对这些特点，如果你是初上高中的同学，想要学好它，就要做好心理和行动上的准备。高中物理中有着丰富的物理现象和物理模型，了解了这些现象、掌握这些物理模型需要勤思多练、不断积累。高中物理知识一环紧扣一环，任何一环出问题都会影响到整体，所以在学习过程中一定要持之以恒，坚持不懈。深入钻研细心领会是不可缺少的，对学习中有疑问的地方一定要想办法弄个水落石出，不留尾巴。物理学得好坏关键在于是否能灵活运用所学的知识。构建知识网络，有助于把握课堂进度，进而提高听课效率。习题课前自己总结各种基本题型及解题方法，自我检验作业水平。注意基本概念要清楚、基本规律要熟悉、基本方法要熟练。

电磁感应现象是电磁学中最重大的发现之一，它显示了电、磁现象之间的相互联系和转化，对其本质的深入研究所揭示的电与磁场之间的联系，对麦克斯韦电磁场理论的建立具有重大意义。电磁感应现象在电工技术、电技术以及电磁测量等方面都有广泛的应用。初中阶段学生就接触电学，进入高中之后学生会发现高中物理的电学非常抽象，有很多的定律不仅需要去记忆，同时也要对这些定义进行理解，因此很多同学会认为高中物理最难的部分是电学。从应试而言，带电粒子在电磁场中的运动（力，运动轨迹，几何特别是圆）与电磁感应综合（电磁感应，安培力，非匀变速运动，微元累加，含 n 递推，功与热）最难，位处压轴之列。

独立做题，要独立且保质保量地做一些题。题目要有一定的数量，不能太少，更要有一定的质量，就是说要有一定的难度。任何人学习物理不经过这一关都是学不好的。独立解题，可能有时要花费一些时间，有时要走弯路，有时甚至解不出来，但这些都是正常的，是任何一个初学者走向成功的必经之路。

突破重点内容，在高考中，总有那么一部分知识是必考、易考、常考的。同学们有的放矢地学好这些知识点，更容易拿分。在反复练习真题的过程中，重点内容因为出现的频率高，练习的次数多，对它们的掌握也会更好。对于物理学科，多做真题最有助于训练物理的考试思维。每年的高考真题在命题角度、题量、题型、难度等方面都经过了充分考虑和精心设计，是最好的检验题目。每次做真题，都是一次检验知识水平的绝佳机会。抓住这个机会，充分挖掘做题过程中反映出的知识点掌握方面的缺漏，对学习大有裨益。高考真题不仅要做，还应该反复做，反复查漏补缺，进而把握命题思路。真题是由命题专家根据学生的习惯思维和做题习惯设计的，善于抓住大多数学生在某一知识点上的短处，难度梯度明显且合理，以便让优秀学生脱颖而出，也能让普遍的学生都能得到理想的分数。

通过对真题的研究与练习，在做题过程中不断总结和体会，理解命题专家的思路，知道他们是怎样设置“陷阱”，效果绝对立竿见影。限时做高考真题，能让学生提前体验高考的氛围，从而积累应试的实战经验。无论是对考试时间的把握、解题方法的灵活运用还是答题的规范性，都可以在做真题的过程中得到锻炼，为真正的高考考试奠定基础。知识点掌握清楚后，就要连成体系，物理有很多知识点都是前后承接、相辅相成的，还有一些甚至就是一模一样的。我的方法是每一个大章节结束后，把学到的知识点从头到尾串成线，在每个知识点的后面都能想到做过的关于这个知识点的考题类型和模型，有哪些有趣的考法，两种情况下哪种容易忽略。这种总结不是一蹴而就的，在学习过程中随着做题量的提高，思路也会进一步得到扩展完善。

（三）解题时，你做到这些了吗

要对物理过程一清二楚，否则必然存在解题的隐患。题目不论难易都要尽量画图，有的画草图就可以了，有的要画精确图，以显示几何关系，在画图过程中可以发现分类讨论的标准且能避开易错点。画图能够变抽象思维为形象思维，从而更精确地掌握物理过程。有了图就能做静态分析和动态分析，静态分析是固定的、死的、间断的，而动态分析是活的、连续的。解题过程层次，一般说来，复杂的物理过程都是由若干个简单的“子过程”构成的。因此，分析物理过程的最基本方法，就是把复杂的问题层次化，把它化解为多个相互关联的“子过程”来研究。下一步是探明中间状态，有时阶段的划分并非易事，还需探明决定物理现象从量变到质变的中间状态（或过程），正确分析物理过程的关键环节。

要理顺制约关系。有些综合题所述物理现象的发生、发展和变化过程，是诸多因素互相依存，互相制约的“综合效应”。要正确分析，就要全方位、多角度地进行观察和分析，从内在联系上把握规律、理顺关系，寻求解决方法。

要区分变化条件。物理现象都是在一定条件下发生发展的，条件变化了，物理过程也会随之发生变化。在分析问题时，要特别注意区分由于条件变化而引起的物理过程的变化，避免把形同质异的问题混为一谈。高中物理的学习从力学的静态分析入门，再逐渐深入，然后转为研究动态过程，即受力的动态分析。

要有目的地做题。在高中物理学习的过程中，习题的作用千万不能忽视。做题不是说题海战术，而是要通过有目的地做题来理解相关的物理知识。有的同学盲目搞题海战术，把刷题当成了体力劳动而非脑力劳动，在没日没夜的刷题过程中并没有实质性地提高自己的物理解题思维。这就需要我们在学习中有选择性地做题，包括认真分析教科书上的例题，然后根据教学重点和难度，结合自己知识点上的短板及不熟悉的题型选择课外习题。选题不能一味依靠老师，要品味出老师选题的思路和要求，分析高考题目的出题规律及其特点，逐步做到能自己选题；在解题时要保持思路清晰，围绕知识点加强学习效果，提高解题正确率。当然，在学习中多向老师请教、多与老师沟通一直是我们的极佳选择。选题亦不要追求偏、难、怪，要有层次，这样才能保证基础题稳拿分，拔高难题多拿分。

（四）不但要埋头做题，还要学会抬头思考

既要重视知识点，也要系统地掌握好知识结构，这样才能把零散的知识系统起来。大到整个物理学科的知识结构，小到力学或电学的知识结构，甚至具体到章节，都需要系统掌握，从而让我们合理利用我们的知识体系来解决物理问题。一个好的物理试题不会仅围绕一个知识点或者技巧来命题的，而是多方联系，使用不同部分的知识点网络和思维模式来解决一个综合性问题。

物理的计算要依靠数学，对于物理学习来说，数学可以说很重要了。没有数学这个计算工具，物理学起来是寸步难行的。大学里物理系的数学课与物理课是并重的，所以要学好数学，利用好数学这个强有力的工具。而且，高中物理不考查数学能力，只是把数学方法当作解题的一部分手段。因此解物理题目时，数学计算一定要准确，不要因为计算失误在物理题目上损失分数。

所有人都知道，想要考上理想的大学，物理成绩至关重要。在物理考试解题过后，要反复检查思路和方法是否正确，公式的书写和运用是否有失误，保证过程与结果高度对接，只有这样，解题才能更加规范，最后得到满意的分数。结合课本立足于实际实验，课上细致观察教师物理实验的演示过程，在练习、观察与模仿答案的基础上不断地总结复习，长此以往，同学们的物理成绩一定能有所提高。

清华的底色

初入清华园，这所以理工闻名遐迩的高校却以其深厚的人文底蕴和浓厚的艺术氛围震撼了我。

1. 清华的人文底蕴

漫步近春园荷塘，眼前朱自清先生的背影仿佛穿过沧桑风雨浮现在眼前，那一声声为国为民的叹息声仍回响于耳畔；在图书馆老馆朦胧的灯光中，好像那个少年意气、立志横扫清华图书馆的钱锺书正端坐对面，眉头紧锁，韦编三绝；徜徉艺术博物馆，各式各样的几何雕塑，斑斓的色彩交织，无不蕴藏无穷的神秘，尽显艺术的魅力……

（1）吴瀚坚持南下抗日宣传

随着军训生活的开始，清华的另一面在我面前俨然展开。在建校 108 周年之际，清华献上纪录片《自行》。1935 年，日军侵华，北平面临沦陷。“华北之大，已容不下一张平稳的课桌。”国难关头，吴瀚和一批清华学子组成“清华大学南下抗日宣传自行车队”，从北平骑到南京向政府请愿。而吴瀚，作为自行车队中唯一的女同学，面临 50 人到 40 人到 21 人的减员，面对白喉蔓延的威胁，她始终没有退缩。视频中，老人坐在电子琴前，颤抖的双手仍能流畅地弹出悠扬的乐曲。吴瀚的女儿说：“我一想到她当年走过的那条路，她应该是在告诉我们‘不管遇到什么样的艰难困苦，只要勇往直前，都会取得胜利’。”“万里长征，辞却了五朝宫阙，暂驻足衡山湘水，又成离别。”潘际銮院士的歌声带我们回到西南联大时期那个战火纷飞的年代。抗战开始，作为西南联大的学生，他和同学们立志报国，担负起了时代的使命。他说：“面对国难，我们不做亡国奴，我们要做国家的主人，要负担起天下的责任。”

（2）邓稼先全身心投入科研

观看话剧《马兰花开》，邓稼先儿时的内心呼喊一直在我耳边回荡：“等我长大了，一定要做出中国人自己的子弹，更大的子弹，让外国人谁也不敢欺负我们！”童年的邓稼先在清华的圆明园遗址中玩耍时，无意中发现一枚日军侵华留下的弹壳，他举起弹壳，久久凝视，咬牙立下心中的志愿，也为他以后成为“两弹一星”元勋种下一颗待萌发的种子。后来，成年的邓稼先赴美留学，于新中国成立之际，辞别故友，拒绝导师引荐，放弃英国实验室的优厚待遇，毅然选择回国，兑现儿时的诺言。在西北戈壁上，邓稼先率领理论组反复演算，在苏联专家撤除支援、自然条件艰苦、计算工具落后的情况下，尝试九次不同方法计算后，他勇敢地做出否定苏联参考数据，坚持正确结果的决定。就这样，中国的第一颗原子弹，成功爆炸了！然而，回到家中的邓稼先，面对病榻上母亲的期许，年迈父亲的严厉质询，妻子、姐姐的不理解，却因保密重任在身，不能透露实情……他再次离开家，赴氢弹研究。离开家仅三天，邓母便因病与世长辞。而远在大漠的邓稼先，正为氢弹试验弹精竭虑、废寝忘食，以致积劳成疾。再一次亲自深入辐射区检查未爆氢弹返回后，他终于病倒了，被送返回京。然而在家中病榻上，邓稼先仍不忘工作，日夜为“两弹一星”的工作规划方向、建言献策。邓稼先，正如大漠戈壁上的那朵马兰花，在风沙中坚持屹立在自己的岗位，让生命之花在为国为民的伟大事业中怒放。

清华，是“红色工程师的摇篮”，每一个清华人的身上，都有着与生俱来的家国情怀和民族责任感。清华的命运永远与国家民族相连，清华人的人生选择永远以社会所求、国家所需为导向。红色的基因，从入学那一刻起，便写在了我的骨髓里。

2. 清华的校风校训

除了身上的强烈责任感，清华人行胜于言的校风，自强不息、厚德载物的校训也伴随于其生活的始终。紫荆公寓的房间，装饰并称不上豪华，但阔落的房间、设计独具匠心且实用的拐角书桌，无不体现踏实实干的风格。清华的食堂，桃李园、紫荆园、芝兰园、玉树园……各式各样，二十个食堂散布校园各处，却无一奢华，甚至小资风气的咖啡厅也难寻一处。但这大大小小的食堂，每到饭点时，浓郁质朴的烟火气总能勾起对家的回忆，浓油赤酱，不做作、不雕饰的味道，能极致地满足我的味蕾，也展现着清华踏实稳健的独特风格。

“自强不息，厚德载物。”刻在日晷上的清华校训耳熟能详。清华的生活丰富而繁忙，生活在其中的我时刻感到充实。深夜不熄灯的自习室，节假日仍然爆满的图书馆，场面轰动热烈的系列讲座……奋发图强的清华学子们同聚一堂，实干才能自强，自强才能独立，我们深谙个中道理，也愿意埋下头，耕耘自己的知识土壤。“所谓大学者，非谓有大楼之谓也，有大师之谓也。”专业造诣高深、德行深厚的大师们在讲台上的谆谆教诲、在办公室用私人时间一对一解答，无怨无悔，平易近人。苏宁老师的微积分高深却不晦涩，邓喆老师的思修课点燃思想火花，悬起人生明灯，方朝辉老师的儒学课娓娓道来又循循善诱……生活在这园子里，我每一天都真切感到自己的切实进步，这更加让我笃信自强不息的信条，进而让每一天的清华生活更加充实。

我在清华等你

亲爱的同学们：

大家好!

每个人的学习与生活的习惯不同，成长的环境不同，导致适合每个人的学习方法不同，同学们一定要结合自己的实际情况，有选择地听从来自外界的建议或意见。无论如何，我们的目的都是要找到适合自己的学习方法，从而使我们的学习事半功倍，考入理想的大学，迎接更好的自己。

关于高考的重要性，我不想在这里再次强调，给同学们徒增压力。作为一名复课生，我想坦诚地告诉同学们：高考其实并不代表一切，成绩有高低，但结果究竟是福是祸，还在人为。

当然，对结果能抱着平和的心态并不能成为我们放纵自己、逃避困难的理由。高考是人生中最难得的、最公平的一场竞争，也几乎是唯一一件真正“有志者，事竟成”的事。希望你们能珍惜这样一次机会，不只是为了结果而拼搏，更要懂得体会这种放手一搏、酣畅淋漓的快意，享受那种心无旁骛地沉浸在一件事里时纯粹而独特的宁静。

有时候，当你放下一切，仍然在意却不执着于那一纸成绩，而能真正体会到高考、备考途中带给你的一点一滴时，你就真的体会到了这段独一无二的时光的快乐，也正是这时，梦想的大门或许会悄然为你打开。不再斤斤计较的，反而就在蓦然回首处。

祝顺利、祝安！

朱佩佩

北京大学

学区	湖南常德
语文	125
数学	150
英语	146
文综	255
总分	676

“愿你在被打击时，记起你的珍贵，抵抗恶意；愿你在迷茫时，坚信你的珍贵。爱你所爱，行你所行，听从你心，无问西东。”这句话伴随了我的高三，希望书前的你也能在未来的日子里无论历经多少挫折和磨砺，都拥有永不言弃的少年意气与不断前行的力量，成为穿透风雪的一束光。

专注力
是通往名校的必经路

第10章

曾经有个同学跟我说，自己上课听讲了，课后作业也按时完成，买的资料书也做了，但是为什么成绩不进反退？我相信这不是个例，每个班总有那么一些人，是大家公认的刻苦学习的榜样，却总比不上一些“吊儿郎当”的同学。这并不是说这些同学不聪明，实际上问题的根本在于专注力和上课效率。你可以观察一下，这部分同学上课看起来是死气沉沉的，只会一味地往书上或者卷子上誊写笔记，有时候甚至是在昏昏欲睡，45 分钟下来，虽然感觉自己听了，但是实际上并没有太大的成效，只得花更多的时间去弥补，最后事倍功半，成绩并没有得到显著的提高，甚至还会下降。因此把握好上课的 45 分钟、充分提高课堂听讲效率，成了我们每个人都要追求的目标。

一 保持课堂上的高度的注意力

如何保持高度的注意力，对于许多同学来说可能都是一大难题，包括我在内，总是会不自觉地神游，等回过神来，就完全跟不上老师的进度了，甚至会错过老师所讲的重点。几分钟的神游毁了一整节课，得不偿失。

（一）学会回应老师

经过多年的学习，我发现最有效的方法就是跟着老师的思路走，学会去回应老师。我上课的时候不属于那种安安静静的人，而是那种喜欢接老师话的人，当然我说的喜欢接话并不是那种喜欢找老师碴儿，而是喜欢对老师提的问题做出回应，即使老师问一加一等于几，我也会一本正经地回答“2”。当然，这只是一个例子。我举这个例子的目的就是说明我们上课的时候要随时随地做好回答老师问题的准备，即使老师没有提出问题，你也可以去想老师下一句要讲什么，老师下一步会怎么做。这样做不仅仅便于时刻跟上老师思路，保持高度的注意力，防止注意力分散、走神或打瞌睡，而且有利于调动自己的思维，将听讲与自己的思考有机地结合起来。在跟着老师思路走的过程中也要夹杂自己的思考，这样的话会发现自己思路与老师的异同点，相同点当然要延续下去，但如果发现自己的思路与老师的思路有较大的出入，这个时候就可能会有两种原因。

一是自己的思路出现了偏差。这可能是由于自己基础知识没有完全掌握、达到融会贯通的程度，导致在做题的时候不能精准地把握住题干要求，准确使用学过的知识来解决问题，因而解题时走了弯路，虽然题目是解出来了，但是时间也浪费了，而且很容易出现错误；也可能是因为自己忽视了题目中的关键信息，没有把握住解题的关键要点，这就要求自己在做题的时候要更加认真，并且要通过多做题来保持自己的题感，提高自己把握关键信息的能力。

二是自己的思路虽然和老师的思路有较大的不同，但是整体思路还是正确的。因为老师讲题目的时候针对的往往是所有同学，并不只是针对部分成绩拔尖或者成绩很差的同学，老师需要照顾到大多数同学的利益，因此老师讲的思路应该是浅显易懂的，并且具有一定普适性，对技巧要求不会特别高。而作为一名尖子生，你不应该仅仅满足于学会一些普通的解题套路，还应该有自己的想法，去寻找更多的解题技巧，因此多去思考新的解题思路还是很有必要的。所以当你发现自己的解题思路是正确的但是与老师讲的却有很大的出入的时候，你就应该去思考这个思路是仅仅针对这一个特定的题目，还是可以适用整个类型的题目，是特殊性还是具有普适性。如果具有一定的普适性，就可以将这个记下来，作为解题的第二思路，为自己解答题目多提供一种路径，也就相当于给自己留了一条后路。而且如果自己的思路更加简便，还可以为自己节省一定的时间，避开烦琐的计算，这也在一定程度上减少了犯错的风险，毕竟烦琐的计算过程是一个最容易出现错误的环节，所以如果有好的方法能够避开这一过程又何乐而不为呢？如果你的解题思路具有特殊性，仅是针对当前特定的题目，你也可以去思考为什么这个思路在这个题目上可以使用，却又不适用于另外一个题目。你可以将几个题目放在一起进行比较，找出它们之间的共同点和不同点，根据它们之间的共同点可以浓缩总结出一个解题模板，总结出一套共有的解题套路，而对于特殊的题型则可以有自己一套特殊的做法。当然，如果有条件，还可以对自己的解题思路进行进一步的改进，扩大其适用范围，增强其适用性。

（二）科学的生活作息

上课的时候如何保持高度集中的精神状态成了高中尤其是高三阶段的一大难题，这就关系到每天的休息状况了。

我记得当时高三的时候我们学校抓得比较紧，六点就要到学校上第一节早自习，晚上十点多的时候才下课。我一般是五点半起床，会提前五六分钟到达学校，然后马上拿出自己的语文书或者英语书进行大声朗读或者背诵。这不仅仅是为了让自己提前进入学习的状态，还是为了让自己彻底清醒过来，将频道迅速由睡眠模式转化为学习模式，不能还处于一种昏昏欲睡的状态，这样子的早自习可以说是毫无效率的，还不如在家睡大觉，起码能保证白天上正课的精神状态。

但是，毕竟大家都在上早自习，自己也不能特殊对待，所以如何利用好早自习的时间、保持好状态就很重要了。既来之，则安之。不要因为学校看似变态的时间安排而感到烦恼，要将自己的负面情绪转化为积极情绪，将注意力转移到学习上，全身心地投入学习中去，这样才能充分利用好早自习的时间，不至于荒废时间。我们学校两节早自习之间有一定的时间让我们吃早餐，我一般会迅速地到食堂解决早餐，然后回来，根据自己的精神状态决定是休息还是继续学习，来保证上午上课能够有充沛的精力。

上午的课间休息时间我一般会分为两部分，前五分钟放松身心，后五分钟可以适当地安排一些学习任务，当然一切要以保证上课时间有充沛的精力为前提，不能因为其他同学在学习，就认为我不能输，也要在下课的时间学习。如果你下课确实学习了十分钟，却导致上课时没有充沛的精力，这不是因小失大吗？所以课间休息要劳逸结合，在适当地学习的同时也不能忘了要保持良好的休息，为上课做好充分的准备。

结束上午的课程，就到午休的时间了。我们学校大概有两小时的午休时间，前一小时除了吃中饭以外，我会适当地做一些上午没有完成的作业，或者为下午的课程做一些准备，后一小时主要就是休息，保证好充沛的精力来应对下午和晚上的课程才是最为重要的。相较于上午来说，下午和晚上我会有更充沛的精力，因此下课的时候我会适当地增加学习任务，增加学习强度。当然还是要注意一个大前提，一切都要保证上课时有充沛的精力，不能因小失大，得不偿失。

晚上下了晚自习之后，我会优先做完老师布置的作业，再根据时间安排适当的课外学习任务，一般在十一点半的时候我就会上床休息，保证充足的睡眠才是第二天上课的基础。我有时候还会在睡前回顾当天学过的知识，也就是很多人提过的“放电影法”，像放电影一样把当天学过的知识在脑子里重新过一遍，然后可以记下哪一部分没记住或比较模糊，第二天早上可以利用早自习前的一点点空闲时间或者是当天的课间休息时间复习一下这些知识，填补知识上的漏洞，查漏补缺。

（三）善用闲碎的时间

老师上课针对的是班上大部分同学，所以有些东西对于尖子生来说可以在很短的时间完成，例如做习题、背课文等，这个时候就会有一些空余的时间，那么我们该如何利用这些空闲时间就成了一个很重要的问题。这些时间我一般会选择做作业或者自己的一些习题，不仅不至于浪费时间，还能够进一步提高课堂效率。值得强调的是，我指的空闲时间并不是说老师讲的那道题目我会了我就可以不听了，而是指一些老师让我们去做题目、去背书的时间段，对于一般尖子生来说时间是富余的，所以还有一些空闲时间可以让我们自由支配。老师讲课的时候还是需要保持注意力集中，不能觉得自己懂了就心猿意马、开小差，否则你可能会错过一个关键的信息点，到时候就得不偿失了。

总之，每天保持充足的休息是听讲的重要前提，而听讲时最重要的就是要保持全神贯注，同时对于一些空闲时间，要恰当地进行利用，提高课堂效率，将课堂上的 45 分钟发挥到极致。

二

记笔记是保持专注力的辅助手段

除了认真听讲之外，还要会做笔记。做笔记是课堂学习的重要一环，也是保持课堂专注力的重要辅助手段，因为记笔记就是逼迫自己必须全神贯注地跟着老师的思路一步一步往前走，所以必须特别重视。“会做笔记”不代表一定要做得非常美观，而是要做得全面细致，并且重点突出，起码自己要“看得明白”，不然就算做了笔记也毫无作用。

（一）笔记如何做

关于如何做笔记的问题，根据学科不同的特点，我主要分成数学课和其他五门科目两大块来分享自己的一点点心得体会。

数学课如何做笔记是一个比较困扰大家的问题。根据我的一些观察，数学课上做笔记，很多同学一般采取的模式就是一边听一边抄写老师的板书，将解题过程完完整整地搬到书上或者卷子上，这固然是件好事，但是为什么最后考到类似的题目的时候有的人还是不会？归根结底还是因为自己虽然将解题的方法和过程抄到了卷子上，但是仅仅停留在我知道这道题目怎么做了的层面，虽然我知道这类题目怎么做了，但当遇到同样类型的题目的时候，就有可能做不出来了，尤其是遇到稍微变换了一点题型的题目就会毫无思路。因此数学课上如何做笔记并且消化笔记，将笔记转化为自己的东西，就显得尤为重要。

我上数学课的时候其实基本上是不拿笔的，只有老师要我们做题的时候才会拿笔，当然不拿笔不代表我不做笔记。当老师讲题的时候我会将注意力完全集中在老师的讲解上，跟着老师的解题思路一步步演算推理，找出自己和老师思路的异同点，如果发现自己的思路与老师的思路不一样，我就会在老师讲完后迅速记下一些关键点，然后等到下课的时候进行进一步思考。有时候遇到自己不会做的题目，我就会在老师让我们做笔记的间隙，去思考自己为什么不会做，是哪个环节出了问题，还是自己忽略掉了哪个关键词，而非急于将解题过程誊写在练习册或者卷子上。下课后我会自己将题目重新做一遍，并不是去刻意回忆老师是怎么讲的，而是尝试着自己去分析题目，按照自己的思路将题目做一遍。做完之后，再进一步总结这一类题目的思路是什么样的，总结出解题技巧或者模板，这样才能真正达到做题的作用。

语文、英语和政治、历史、地理五门科目属于比较偏向文科的科目，因此做这些科目的笔记就不像做数学笔记一样，而是更加强调细致认真，这也就对我们上课认真听讲提出了要求。当然做笔记并不是将老师讲的话完完整整地往书上搬，这样不仅会浪费时间，而且很容易跟不上老师的进度。因此做笔记也讲究一定的技巧，上课的时候在时间比较紧的情况下，对于一些成段成段的话，可以着重记下一些关键的字词，然后在下课的时候根据这些词来自己尝试复述老师上课讲的知识点。并且这个时候还可以发挥同学的作用，下课的第一时间可以去找身边的同学借他们的笔记，然后对自己的笔记进行进一步的完善。当然，我们不能完全指望别人的笔记，上课时应在自己的能力范围之内尽量完整地做笔记，如果发现有漏掉的点，可以先做出一个标记，不要过于纠结于哪一点没有记下来，而是应该及时跟上老师的进度去学习下一个知识点，下课的时候要及时补充笔记，千万不要想着我可以回家再去补笔记，或者下节课上课前再去补笔记，这样的话很容易造成拖拉，等到以后复习的时候突然想起来还有笔记没写，到时候再补就容易耽误时间，更有甚者，有的人直接忘记了自己还有笔记没做完，等到考试考到那个知识点的时候一脸疑惑，但是其实老师已经讲过了，只不过因为自己一时懒惰没有及时补上这个空白。总而言之，对于语文、英语、政治、历史、地理五门科目，做笔记的关键点在于细致和有所抉择，应该选择重点做笔记。

（二）错题本是重要的笔记积累

除了课堂做笔记以外，我建议每个人都可以做一些自己的错题本，或者说自己的知识积累簿。数学错题本的重要性不言而喻，基本上人手一本数学错题本，但是我发现很多人做数学错题本的时候就是只要有错题就往上抄，然后原封不动地将答案或者老师的讲解搬上去，整个过程下来就是机械的、不掺杂个人思考的抄写过程，这种做法是毫无效率的，甚至可以说是浪费时间的。我倾向于将题目抄下来，如果有条件可以剪下来，然后合上书，自己把题目再做一遍，做完之后进行相应的反思总结，并且将自己的感悟写在题目底下。还有一个很重要的问题就是有的人错题本虽然做了但是基本上从来没有派上过用场。从我自己的学习经验来看，确实很少有专门的时间给我们来看自己的错题本，但是这并不意味着我们不可以利用自己零散的时间回顾自己的错题，例如睡前十分钟，课间的几分钟，或者是上课时的一些空闲时间，完全可以利用，来看错题本。刚开始通过对题目的回顾，你会得到新的感悟，你的错题本越看越厚，然后随着时间的推移，你会发现只要一看到题目，你就能迅速地想到解题思路和相应的经验，这就是将错题本读薄，这和看书的道理是一样的。

对其他五门科目来说，与其说是做错题本，不如说是做知识积累簿。与数学不同，这五门科目的错题本不是要求我们抄写我们的错题，而是将一些知识点写上去。当做题遇到自己不会的知识点的时候，可以将这些知识点写在本子上，不定期地进行复习。同时对于政治、历史、地理三门科目，在做大题的时候可以自己尝试整理一些答题的模板，或者是将一些答题术语抄写在本子上，时不时地翻看，巩固记忆。

“弯道超车”是追赶的制胜关键

第11章

一 课前预习，实现“弯道超车”的起跑

课前预习是课堂学习的基础，对提高课堂效率大有裨益，但是大多数人都会忽略掉这一环节。

在高一刚开始的时候，我每天都会抽出一定的时间来预习第二天的课程，我会先大致阅读一下课本上的内容，了解一下梗概，有看不懂的地方标注出来，有条件的话会上网百度或者查阅资料书，如果还是不会的话就会重点标记，然后在第二天上课的时候重点关注或者在课间的时候与老师同学讨论直至弄懂为止。

但是，随着学习任务的一天天加重，我发现每天都提前预习第二天的课程其实不太现实，每天能够复习完当天的学习内容就已经很不错了，更别说预习完第二天的上课内容。于是，我开始有选择性地去预习，而对其他内容的提前学习我则更多的是放在了课间休息的时候。

具体来说，我会在每天做完数学作业后看一看第二天要学习的内容，掌握最基本的知识点和原理，并做一做书上的例题，掌握最简单、最基本的题目类型和解题套路。如果在不影响休息时间的前提下还有剩余的时间，我会打开配套的资料书，看看上面的知识点总结和知识拓展，做一做上面的例题，对自己的预习效果进行巩固，不求能够十分熟练地运用每一个知识点，但是要尽可能地达到遇到基本题型能够快速解答的效果。如果在预习的过程中遇到不太清楚的知识点或者自认为是重点的地方，我会进行

重点标注，第二天上课的时候会给予更多的关注，并且会和同学老师进行一定的讨论，直到完全弄懂和掌握。

而语文、英语和政治、历史、地理这五科相较于数学来说，提前学习的意义不算特别大，或者说数学的预习方式对这五门科目来说不具备多少借鉴意义和普适性。因此，在不断摸索中，我有了一套自己的预习方法。

对于语文和英语这两门科目，因为第二天有早自习，所以我不会在前一天花费太多的时间在学习新东西上，更多的是每天晚上回顾一下学过的知识点，把它们在大脑里面重现一下，巩固已学内容。第二天早自习，我一般会提前十分钟进入学习状态，拿出一些资料书开始背诵，例如语文有专门的知识整理小册子、高中必背篇目，以及一些作文素材，英语有单词本、范文。我每天都会给自己制订一个小小的计划，例如今天应该背几篇必背篇目，需要记住几个成语的意思，或者说要记住多少个单词。每天积少成多，一个学期、两个学期……三年下来就会积累成庞大的知识库。等到高三复习阶段，当别人都在匆匆忙忙地从零开始积累的时候，我已经可以信手拈来、灵活运用了，就能把更多的时间花在巩固提升方面。

而对于政治、历史、地理这三门科目，我一般更喜欢在每节课前的四五分钟，当同学们还在走廊上嬉戏打闹的时候我就打开自己的课本，先是看一看前一天学习的内容，巩固前一天所学的知识，然后大致阅读一下接下来的一节课要学习的内容。政治的话，就是先从大标题和小标题中推测出下节课要讲的大致内容，在心里构建出一个最基本的框架，对老师接下来要讲的知识有一个大致的了解。接着仔细看书中的正文部分，进一步深入地了解老师上课要讲的内容，对一些重点的句子进行重点勾画。最后如果还有一些时间，就会看看小字部分，对有价值的内容进行勾画。而历史，我预习的时候就会更加偏重对史实的把握。在看第一遍的时候，是抱着看小说的心去看的，边看边勾画出重点的时间节点和历史事件，一遍看下来对这节课要讲哪些史实会有一个大致上的了解。然后我会将一系列历史事件结合起来，不局限于那节课的内容，而是去联系一下同时代发生的一些历史事件，思考前因后果以及本节课想要表达的主题，并且会对一些重大历史事件的影响及意义进行思考。地理的话，我倾向于看看地图册，在地图中初步了解一下要学习的知识点，并且会自己尝试着去发现其中的一些规律和一些特殊点，慢慢学会自己总结整理一些规律性的东西。

总而言之，无论是语文、数学、英语，还是政治、历史、地理，我都会注重课前对知识的把握，会在课前对知识形成一个比较完整的知识体系，对所学的知识有一个初步的把握，为新课程做好充足的准备。

二

课后巩固，实现“弯道超车”的蓄能

课堂 45 分钟的知识量其实是很大的，是不可能通过短短的

45 分钟就完全记住的，课后复习是学习的重要环节，是与遗忘斗争的有力武器。如何把握好课后自主复习的时间是学习的一大难题。接下来我就分享一下怎样抓好这一环节，从而提高学习效率。

第一，要趁热打铁，对于学习的知识一定要及时地回顾和记忆，下课之后不要急着去做别的事情，不妨花几分钟看看上节课学过的内容，理一理知识脉络，在脑海里形成一个大致的印象和框架。

第二，根据记忆规律来合理安排时间。遗忘曲线是先快后慢，先多后少，因此对于刚学过的知识，要多加回顾，复习次数要相对多一些，间隔时间也要相对短一些；另外，早上是记忆力比较好的时间段，这段时间可以用来复习英语、语文、政治、历史、地理，下午和晚上则是我们演算和抽象思维能力较强的时候，可以用来复习数学和物理、化学、生物。

第三，要善于总结。在每个时间节点，例如每周、每个月、每个学期，都要做一次系统的总结，将知识整理归类，形成一个完整的知识框架。

第四，复习要查漏补缺，既要加强自己的优势学科，又要补弱，二者兼顾，合理安排时间，处理好各科的时间，才能够全面发展。

第五，学习要有目标，并且还要有相应的奖惩措施，以此来激励自己学习。

三

假期时间，实现“弯道超车”的冲刺

好不容易“熬”过了一个学期，大多数人可能都会选择在假期的时候好好地放松一下，以此来犒劳自己疲惫的身躯和灵魂。但是总有那么一部分勇士把握住了这个契机，成功地实现了“弯道超车”。

在高一、高二的时候我就不太注重假期时间的好好利用，更多的是将假期时间花在娱乐上，对学习不怎么上心，仅仅满足于写完作业，甚至有时候对待作业都是敷衍了事的态度。因此每次假期返校进行考试的时候，我都能感觉到做卷子时的吃力，脑子里都是一片空白，还会犯很多老师强调过多次的低级错误，对许多知识点感觉非常模糊，甚至对考试中出现的假期作业的原题也毫无印象。于是考试的结果可想而知——一团糟，平时学习在我后面的同学都能把我甩一大截。这个时候我就会追悔莫及，多么希望假期里的自己能够多花一点时间在学习上，而不是花在毫无意义的娱乐上。然而，即使屡遭教训，我还是老样子，一到放假该玩的时候还是玩。

在高三前的那个暑假，班主任特地和我谈话，与我认真探讨了假期学习的问题。结合之前的悲惨经历，我也认识到了假期学习的重要性，因此在那个暑假，我制订了非常详细的学习计划，规定了自己每天需要背诵的篇目章节、需要做完的假期作业，有时候还会根据自己的实际进度安排一些额外的学习任务。作息方面基本上与在学校的作息保持了相对一致，当然，在学校作息的基础之上增加了一些娱乐放松的时间，毕竟假期还是假期，弦绷得太紧也会有崩溃的一天。平时的学习已经很累了，如果一直保持很高的学习强度，那么无论是对自己的身体还是对精神方面都是一种双重的折磨，因此我将休息的时间增加了两小时，并且将睡觉的时间提前了半个小时，起床时间推迟了半个小时，充分保证自己在学习的同时也能保证充足的睡眠和放松。

此外，假期还要注重锻炼身体。身体是革命的本钱，只有保持健康的身体，才能够笑到最后。因此假期有时间就多出去走走，不仅仅是放松身心，也是锻炼身体。学业体育两开花，保持健康的体魄的同时还能取得优异的成绩才是我们真正想要的。所以，早起或者吃完晚饭都可以出去跑跑步，或者约上家人朋友一起出去散步聊天，让自己的身心得到适当的放松。但是，在休闲娱乐的时候也不能忘记自己作为一名学生的本职，学习还是应该放在第一位的，每天都要按质按量地完成学习任务，并且可以设置一定的激励机制来督促自己完成学习任务，例如今天完成了多少任务就可以拥有多久的娱乐时间，将自己的学习任务与娱乐时间直接挂钩，实现有效的激励，还能实现劳逸结合，岂不美哉?

如何学好英语和政治

第12章

一

我是这样学英语

对尖子生来说，英语相对来说拉不开特别大的差距，尖子生基本上都能够保持在 140 分的水平，但是如何将英语水平进一步提高往往成了我们的一大难题。这不是一个一朝一夕就能够实现的目标，是需要我们长期的积累，实现从量变到质变的一个过程。

对英语这门基础课程来说，基础尤为重要，如果没有夯实的基础，即使将大量的精力花在做题上，也无济于事。因此在平时学习英语的过程中要十分注重基础，只有夯实基础才有可能获得高分。

(一) 词汇

英语最基础的东西可以说是词汇。词汇是英语的基本单位，离开了对词汇的理解，学英语可谓是寸步难行。然而词汇的积累不是一朝一夕的事情，而是一个长期的过程，需要日积月累，依靠长期的学习来慢慢积累。我平时提高词汇量的方法是每天给自己布置一个任务，比如说一天要记住 15 个单词。也许每天只记十来个单词看似微乎其微，但是一年下来就是 365×15=5475 个单词，当然这只是一个理想的状态，不过也可以从中看出每天积累的必要性和重要性。当然每天不能仅仅只是记新单词，还要定期回顾学过的单词，刚开始很容易忘记，但是只要一遍遍重复、一遍遍巩固，就能不断加深记忆，将短期记忆转化为长期记忆。此外，背单词也不是一个简单重复的过程，它需要一定的技巧和方法。我记得当时我买了新东方的词汇书，上面有一些小窍门可以用来借鉴，同时我们也要学会用词根记忆法，将每一个单词分解成多个词根，然后根据词根来对单词进行记忆；在记单词的时候也可以适当地进行延展，例如记单词时可以顺便背一背相应的词组，或者背一背它的同源词，由形容词联想到副词、名词等。这样下来，表面上你只记住了十来个单词，实际上你记住了更多的单词，这种方法简单高效，不仅可以提高自己背单词的效率，迅速扩充自己的词汇量，而且可以进一步加深记忆。

(二) 语法

除去词汇，英语最基本的东西就可以说是语法了。虽然从目前来看，全国卷对语法的考查力度远远不及对单词的考查力度，但是这并不意味着我们可以掉以轻心，语法在考试中的作用依然不可小觑。如果语法掌握不好，就会影响到完形填空、语法填空、改错以及最后的作文，其作用可想而知。因此我们在平时学习中不能觉得语法不是很重要，就在学习语法的时候敷衍了事。在学习语法的过程中，除了平时上课时跟着老师一起学习，在早自习完成其他学习任务的情况下，我会系统性地来学习语法，同时也会做一些语法练习来检验学习成效。在学习语法的过程中一定要格外注重一些细节点以及一些易错点，因为这些知识很容易成为考核的对象，稍不注意很容易成为考试时的失分点，所以一定要多加注意。

（三）答题技巧

1. 听力

对尖子生来说，这是英语万万不能丢分的一个题型。但是听力的得分情况往往起伏很大，而且听力得分受考试状态影响也是最大的，稍加不注意就可能错过关键的信息点，因此考试时保持良好的状态是十分重要的。每次英语考试之前，我习惯坐在桌前放空自己，清除掉内心的杂念，等到听力考试开始的时候，迅速将自己的注意力完全集中在广播上，并且会趁着听力考试还没正式开始的时候先看一看题目，尤其是前面的五道题目，因为听力只会放一遍，一旦错过就再也没有挽回的机会，所以提前把握题干就显得尤为重要。听听力的时候可以适当地在旁边做一些笔记，但是要抓住关键点，不能面面俱到，否则会浪费时间。当听到正确答案之后，要果断地写下答案，不要想着等听力结束了再好好思考，因为对大多数人来说，听力算得上是瞬时记忆，一旦错过，记忆就很可能发生偏差或者丢失，所以在答题的时候必须果断，而且在没有百分之百的把握之时，千万不要随便修改自己的答案，因为你的第一感觉往往是正确的，胡思乱想反而会扰乱自己的记忆，影响自己的答题。而当一题结束，发现自己不知道答案的时候不要惊慌，要冷静下来，你难大家都难，何况听力一题只有1.5分，如果因为1.5分而惊慌失措，后果就不仅仅是那1.5分，还会影响到你后续的答题，你丢掉的就不止1.5分了，这样的话得不偿失，还不如立足当下，先根据听到的一些有限的信息来迅速做出选择，然后将注意力迅速转移到下一道题目上去，做好当下的每一道题，争取拿到所有能够拿到的分数，不给自己留下遗憾。等所有听力都结束的时候，你可以再反过来想一想，看能否选出正确的答案。当然，如果实在不确定也无伤大雅，随便填一个也有三分之一的正确率，即使没选对，你损失的也不过是1.5分而已，而且既然你都没听出来，那么其他同学的情况应该也差不多。所以考试时保持良好的状态就显得尤为重要。当然除了考试状态以外，平时的训练也是非常重要的。平时我喜欢在睡前听一听英语听力，保持对英语的敏感度，有时候我也会听听VOA、BBC来缓解一下对听力题的疲劳感，假期的时候也会看看英剧、美剧，听听英文歌，在休闲娱乐的同时也起到了训练听力的效果。

2. 阅读理解

因为阅读理解在英语中的分值很大，所以在很多时候大家的分差往往出现在阅读理解上。阅读理解首先考查的就是我们的词汇量，因此坚持背单词、不断提高自己的词汇量就显得十分重要。有了充足的词汇量，我们起码就有了做好阅读理解的资本。但是要在阅读理解上拿高分还需掌握一定的做题方法和技巧。阅读理解一共有四篇文章，我会针对不同的文章采取不同的阅读方法。第一篇文章相对来说比较简单，因此我建议可以采取根据问题直接在文章中找答案的方法，这样更加简单快捷，既能够保证正确率还能够节省时间，以便将更多的时间花在后面的题目上。对于后面三篇文章，我一般采取的是先看文章再做题的方法。首先通读一遍文章，了解文章的主要思想，先了解文章主要在讲什么，及文章的中心主旨，在通读的过程中还可以适当地勾画出关键词和重点句子。其次就是看一遍题目，将题干中的关键词勾画出来，要知道题目在问什么，将问题与文章大致对应。然后就是精读文章，当然这是一个选择性的阅读过程，对于与问题有关的部分可以放慢节奏，慢慢品读，而对于一些与题目无关的语句，只需要大概了解一下主要意思就可以了。对于一些比较困惑的选项，就需要静下心来，仔细思考选项之间的区别，然后与文章中的原句相对应，谨慎选择，同时也要相信自己的第一感觉，对于不确定的选项最好不要随便修改答案，除非有十分的把握。要特别强调的是，做阅读理解的时候一定要注意时间分配，一篇文章一般七八分钟，如果有比较难的文章可以适当地多花一些时间，但是不要在一道题目上面浪费过多的时间，否则会影响后续题目的作答。

3. 七选五

七选五在考查词汇量的同时，更加注重考查考生的逻辑推理能力。因此在做七选五的过程当中一定要捋清楚上下文之间的逻辑关系。我做七选五的时候一般习惯先细读首尾段，以及每一段的开头和结尾，把握住文章的主题观点。因为七选五不比普通的阅读理解文章，七选五的文章往往缺乏一些关键的信息点，如果一开始就去通读全文，不仅浪费时间，还会被弄糊涂，所以刚开始可以选择性地读其中的关键点，把握住文章的主旨。接下来就是看一看七个选项，在看选项的时候，要把握住每一句的主题，并且将其中的一些关键信息点给勾画出来，例如一些连接词、人称代词、名词、动词等，还可以特别关注里面的一些专有名词，例如人名、地名等。第三步就是带着问题去阅读，也就是“以目标为导向”去阅读，第一遍可以将一些很显而易见的选项给填进去，剩下的一些空就需要我们精读空格前后的语句，关注它们之间的逻辑衔接关系。另外，要特别注意一些关键词的出现，这些关键词往往是我们解题的关键点。当遇到有两个选项困扰自己的时候，就可以借助关键词来帮助自己排除混淆选项，选出正确的选项。最后就是再次通读一遍文章，核对答案，看自己填进去的选项是否能够很好地衔接上下文，恢复后的文章是否在整体上具有连贯性和一致性。

4. 完形填空

完形填空考查的是词汇和语法的结合，因此词汇和语法的学习就显得尤为重要，在这里我就不再赘述。我主要讲一下我做完形填空的一些方法。第一步是通过阅读文章的开头和结尾，去推测作者的意图和文章的主旨大意，只有这样才能确立一个正确的解题思路，保证后续的做题不偏离正确方向，这对于后续的做题十分重要。第二步就是通读全文，了解文章的体裁、主旨大意、背景和主要内容，了解故事发展的脉络或者是作者的论述过程。在阅读的过程中可以对空格的内容进行一些初步的猜测，对于一些比较简单而且有把握的空格可以先填上答案。但是切记不要读一句做一句，这样很容易导致断章取义，在一些空格上栽跟头，而且不仅可能会填错一个空，还可能填错后续的一系列空，因此在第一遍的时候可以把一些固定搭配的空和答案非常明显的空填上，其他空不要轻易下结论，可以先标注出几个比较可能的选项，然后在第二遍阅读的时候对这些空进行选择。第三步就是逐字逐句地阅读，每一个空都要仔细斟酌，不确定的空要联系上下文，找到上下文呼应的地方，或者可以暂时放一放，等到一遍细读下来再反过头来慢慢思考，但是不要耽误过多的时间。在判断选择的时候要特别关注人称、单复数和时态的要求，不能因为一些细节而错失得分点。最后就是再次读一遍文章，检验自己的每一个答案，看能否很好地衔接上下文，看文章意思是否通顺、前后是否存在矛盾、因果关系是否恰当，再看看人称、时态、单复数等语法方面是否存在问题，切忌浮躁，必须沉下心来做题，防止粗心大意。

5. 语法填空

语法填空对词汇的考查基本上都是一些比较常见的单词词组及其词性变化，因此在平时要注意区分一些比较相近、容易弄混的单词及注意积累单词的固定搭配和其他词性形式，掌握一定的词性变化规律。这需要我们平时多留意、多总结、多积累。语法填空更加关注的是考生对于语法的把握，一般来说就是对一些比较基础的语法点的考查，例如动词的时态语态、非谓语动词的使用、主谓一致、名词性从句、定语从句、同位语从句、状语从句、倒装句等。其具体的做题方式大致与完形填空差不多，都是先找到中心大意，接着进行通读，填出一些比较简单的空，然后进行细读，对文章内容进行进一步的把握，对一些空进行进一步的斟酌。最后就是认真把短文读一遍，看一看所填的答案是否符合上下文的逻辑关系，对一些有出入的地方可以进行一些适当的调整。

6. 短文改错

短文改错考查的是我们对语法的把握和对问题的发现，一般设置错误的点是比较固定的，主要类型有：名词的单复数形式、动词的词态和语态、主谓一致性、固定搭配、不定冠词和定冠词、关联词的正确使用、非谓语动词、词性的正确使用、句子成分残缺、代词的正确使用、词汇拼写错误（一般很少出现）。总结下来就是三大类型：语法错误、词汇错误和上下文逻辑关系的错误。改错很考验一个人的细心程度，因此在改错的过程中一定要注意一些不起眼的地方，这些地方往往很容易被我们忽略，从而导致失分。如果实在找不到哪里有问题，可以看自己改出来的错误包括哪些类型，看还有哪些类型的语法点没有涉及，然后就可以有目的地去看文章，看是否有遗漏的点。

7. 作文

英语作文就比较注重平时对单词、固定搭配和高级句式的积累。平时可以在早自习的时候背一两篇范文，从中积累一些精彩的词句，然后运用到自己的写作中去。多用一些高级的词汇词组去代替一些常见的、比较普通的表达，尝试用一些倒装句、强调句、从句来进行表达。但是切记不要为了高级而高级，本来一两句简单的话就能说清楚的事情，却非要从句里面套从句，更不能为了追求所谓的高级而出现一些拼写错误或语法错误。总体的原则就是文章清晰明了，句式变化多样，开头和结尾要点明文章中心。另外，字迹一定要工整，不能因为时间不够而字迹潦草、分辨不清。这就要求我们充分把握自己做题的节奏，给作文题留出充足的时间，我的建议是 15~20 分钟，如果有条件还可以在卷子上打一个初步的草稿，写下一些关键的词句，然后组织成文。

二

我是这样学政治

（一）知识储备

政治相对于历史、地理这两门文科科目来说，不具有特别大的灵活性，有一定的答题套路和规律可循，但是对时事热点的要求很高，需要我们牢牢把握住时代热点。因此我会特别关注社会新闻，记得当时班主任要我订阅《半月谈》，如果课间休息没有特别的学习任务的时候，我会翻出来看一篇文章，不仅仅是紧跟时代热点，还能从中学习一些答题语言，丰富自己的知识储备。这些句子可以在考试时运用到答题中去，增加自己答题的专业性，这会让老师在千篇一律的回答中感到眼前一亮，在一定程度上可以提高自己的分数。

再者，在我关注社会热点的时候，我喜欢多角度、多层次地去看待一个问题，尝试着分别用经济生活、政治生活、文化生活和哲学知识来解释一个问题，从原因、影响以及应对措施多方面去思考。这刚开始会很难，觉得自己什么也想不出来，但是只要慢慢坚持，一年两年下来，功夫不负有心人，你就会发现自己有了显著的进步。这能够帮助自己发现一些解题套路，当你在考场上遇到类似的问题或者运气好碰到同一事件的时候，你就能更加迅速地对应到书本上的具体知识点，更快更好地做出解答；能够锻炼自己的批判思维，让自己学会多方面、多层次去思考一个单一的问题，并且能与其他事件、不同领域的知识发生联系；能够帮助自己更加灵活地运用自己的知识，将不同体系的知识通过一次次的思考串联起来，形成一个有机完整的知识体系，达到融会贯通的效果，从而使自己在平时做题和考试中可以更加得心应手地运用自己所学的知识去解答问题。

当然，基础知识才是重中之重。政治相对于历史、地理来说，要背的知识点比较简单，而且也更成体系，因此很多尖子生，包括很多中等生觉得政治越背越无聊，每天翻来覆去背的都是那几个知识点，渐渐地失去了耐心，要么将精力转向大量地刷题，要么将学习政治的精力分散到其他科目，更有甚者，选择在背政治的时候浑水摸鱼。我觉得这些都是十分不可取的。

政治其实非常考验我们的理解能力，因此政治并不仅仅是背一些干巴巴的知识点，更重要的是要学会理解这些知识点，并且要学会将这些知识点与现实中的问题结合起来，而不是仅仅要求自己能够背出来。即使你能够倒背如流，假使你不理解这些知识点，到考试的时候也是无济于事。也许你可以应付一些全是常见套路的题目，但是如果一遇到一个比较生疏的题目，或者题干设置比较隐晦、没有特别明显的提示的时候，你就会发现自己毫无头绪，很难找出题目的突破点，觉得材料与所学知识点完全无法对应。归根结底这是因为自身对知识的理解把握还不算特别到位，所以我们在平时学习政治的时候，不能仅仅满足于将知识点背熟，还要勤加复习。这个复习不是指简单的重复背诵，而是要在不断加深记忆的同时不断加深自己对知识点的理解，当然理解是指要将书本上的知识点与自己的现实生活相对应，能够用自己所学的知识去解释遇到的问题，而不是将记忆仅仅停留在书本上的几行字而已。

因此，在背书的时候，不是要将书上的每一句话、每一个字都完完整整地背下来，而是应该在理解的基础上将书上的知识点转化为自己的话，用自己的话将书上的知识点再现一遍，再结合书本上的话语，用课本上的专业术语来改善自己的记忆。那么如何将知识点理解得更深更透呢？我一般采取的方式是在背书的时候将知识点与书上的例子或者老师上课举的例子结合在一起进行记忆，当然也可以举自己身边的例子，甚至是在看新闻或者看书的时候想一想能够对应哪一些知识点。也许你会觉得这很麻烦，但是当你真正实现融会贯通之后，你会发现你能够自然而然地从一些事情引发对知识点的思考。万事开头难，多尝试不同的方法，找到最适合自己的方法，然后才能更好地掌握知识。

我一般喜欢在上课前背一背政治知识点，并且会以一节、一章或者一本书为单元进行整体的总结回顾，然后合上书，看自己是否能够很好地再现所学的知识点。如果发现自己的知识体系出现了漏洞，我就会在正式上课前去简单回顾一下所学知识，及时填补知识上出现的漏洞，这样才能为做题和考试做好充分的准备。只有将基础知识夯实了，才能做到有备无患，所以我们要无比重视基础知识的把握，不能简单地认为将知识背下来了就万事大吉，而是要真正地融会贯通，实现知识的灵活运用。

当然，一味天天背书也是不可取的，而且人的大脑是会感到疲劳的，每天都重复记忆同一个知识点不仅毫无效果，而且会让自己心生厌倦。这时候就可以做一些题目来缓解自己的疲惫感，同时这也是一个检验自己是否已熟练掌握知识点的重要方法，还能保持一定的题感，这样就可以在考试的时候稳扎稳打、不慌张。

（二）答题技巧

在做政治选择题的时候，我一般不会直接读题干，而是会先从选项开始，运用所学知识排除掉一些明显错误的选项，再仔细阅读题干，选出最合适的选项。在阅读题干的时候可以画出其中的一些关键信息点，然后与选项进行比较，切记不要在读完材料之后，就理所当然地选了一个选项，要多加比对。一般选择题都能在题干中找到对应的句子，因此在做题的时候不仅要注意选项之间的比较，还要注意材料与选项之间的对应。

做政治问答题的时候，第一步要分解题干，先看题目考查的知识范围，是经济生活、政治生活、文化生活还是哲学知识。接着要搞清楚题目问的是什么，到底是原因、影响／意义还是应对措施，同时要弄清楚问题的主体是谁，不同的主体有不同的答题术语，千万不能弄混，否则会导致整个答题思路出现偏差。第二步就是阅读材料。可以先通读一遍材料，大致了解材料的主旨，然后细读材料。政治问答题一个很显著的特点就是基本上可以每句话对应一个答题点（不是全部），所以可以根据每一句话及其中的关键词来推测出相应的答案。在答题的过程中，必须有一定的逻辑性，要有条理，最基本的要求就是要分点作答，一般是两分一个答题点，我们可以根据分数的多少来判断答多少点。答题的一般套路就是先写书本上的原理，再结合材料进行适当的分析。

调整与前进：在北大的学习与生活

我现在是北京大学政府管理学院的一名大二学生，经过在北大一年的学习和生活，我深感大学生活与高中生活有着根本的不同。这体现在很多方面，如果不能快速地调整和及时地适应，就很难真正融入大学生活，个人也容易时常陷入烦躁、焦虑和彷徨之中。因此我仅以个人在北京大学政府管理学院学习生活了一年的经历为例，各个院系情况有所不同，所以我不敢妄言自己的经验是万金油，但想来也能对大部分文科院系的同学有所帮助，我给自己制订的学习生活计划和调整个人心态的方法或许也能对大多数同学有所启发。希望你们看完我的介绍后能有所收获，能在步入大学生活后少走弯路。

1. 个人生活的差异

进入大学生活后，先让人感到头疼的并不是学习，而是如何处理自己的个人生活，如何在远离父母后安排自己的衣食住行。这些问题看似只是平常小事，但是如果不能安排得当，就很容易让自己的生活一团糟，从而影响其他的事情，因此我首先要谈的便是如何规划自己的生活。

进入北大后，一切事情都要自己安排，而这也正是比只需要专心学习的高中生活更困难的地方。在进行搬家式的整理个人的床铺、衣柜、书架之后，我开始尽情享受燕园里充满知识与激情的生活，但是由于缺少合理细致的计划，我常常是想看书便看书，想睡觉便睡觉，想玩手机就玩手机——而这些事也通常是没有任何固定时间的。每天唯一准时准点做的事就是吃饭，然而这也很快因为生活节奏被打乱而难以保障了。再加上自己加入了几个社团和学工，因此时常临时接到任务，导致毫无规律的生活更加混乱。

面对自己乱糟糟的生活，我不禁开始对自己产生了质疑：为什么我大学生活比高中生活还要令人烦恼？为什么许多事情我都是心有余而力不足？为什么我现在很难在学习时保持兴趣、集中精力？久而久之，我开始感到颓废，总觉得自己或许并不适合北大生活，面对生活中的细碎小事也常常有强烈的无力感。就这样，我浑浑噩噩地度过了在燕园的一个多月。

2. 个人生活的规划调整

终于有一天，我下定决心不能让自己再这样下去，我必须将自己的生活引入正轨。为此，我决定还是用高中的老办法——给自己制订详细的计划。唯一不同的是，这并不是单纯的学习计划，更多的是生活计划。我给自己制订的计划是：不管有没有早课，每天都必须七点准时起床，不能赖床，要按时吃早餐，不能睡到九点、十点才起床，然后随随便便地吃一顿早午饭开启自己新的一天，这样的话一整天都会受影响。吃完早饭后去上课，没有课的时候就去教学楼自习区自习，不能将时间浪费在玩乐和犯困上。中午吃饭后睡个午觉，保证下午有充沛的精力，但不能一睡就是大半个下午，通常是半个小时到一个小时为宜。下午醒来后给自己泡一杯茶或者咖啡，然后继续去上课或自习，五点左右去五四操场或未名湖边跑跑步，这不仅是学校的要求，也是帮助自己强身健体的好方法，只有身体健康，才能处理好个人生活和为祖国工作五十年。运动结束后稍作休息，去吃顿晚饭，晚上我通常会练习二外法语。九点去洗澡，洗澡的同时就可以将换洗衣服先泡着，每天必须将换洗衣物清洗干净，不能将两三天的脏衣服都堆在一起，这样既不卫生，也容易养成拖延的坏习惯。这些事都会在十点左右结束，到十一点熄灯前的这一小时，我会用来看课外书或是处理部门学工的任务。熄灯后就上床睡觉，不能熬夜看书、干活或玩手机，否则会严重影响第二天的精神，同时这也促使我提高效率，不将今天的事拖到明天。周末则可以抽出十多分钟跟家里人通话，以免他们担心。

我将这一生活规划制成时间表，贴在自己的书桌上，时刻提醒自己不要虚度光阴，要提高每一分每一秒的质量。制订这样的生活计划之后，我开始严格执行，最初也因懒散惯了而有诸多不适应，但是坚持一段时间后，这便成了我的生活习惯，我逐渐不需要那张时间表来提醒我，我已经能够游刃有余地安排自己的生活。虽然有时候还是会被一些小问题所困扰，但我已经能妥善处理自己的生活，也有更多精力去处理那些更为重要的事情，而不再像以前那样只能看着一团糟的生活、一团乱麻的事情发愁。因此接下来我就可以更好地集中精力处理自己的学习问题了。

3. 学习生活的规划

安排好自己的个人生活

之后，更为重要的事情便是如何在北大这个高手云集的地方安排好自己的学习，且不说稳居前列，最起码要让自己有一席之地——当然即便如此也是很难的。为此也要学会调节自己的心态，这属于下一段的内容，这一段先说说我是如何在政管中苦苦挣扎的吧。

我所就读的院系是北京大学政府管理学院，下设政治学系、行政管理学系、公共政策系、城市与区域管理系，具体分流尚未开始，目前我所学的课程都是学科基础课，主要处在打基础阶段。但即便如此，课程的难度和学习的压力仍旧是不可小觑的，稍有松懈就可能远远地落后于人。

虽然很难与班上其他大佬相比，但是我也有我自己的骄傲。因没有努力而败北是我无论如何都不能接受的，因此我必须尽自己最大的努力，不让自己的大学四年留下太多遗憾。上面说到我给自己制订了学习生活计划，虽然很多篇幅是在安排琐碎的日常生活，但其实其中给学习留出的时间是最多的，毕竟学习才是我的本职，其他事情只要安排合理也用不了太多时间。

（1）阅读、提问与交流

身在社科院系，我认为最重要的是要阅读大量书目，因此我将学习的大部分时间用来阅读。大量的阅读不仅能提高我的知识水平，更重要的是还能提高个人的修养和气质，书中蕴含的知识与哲理也总是能让我感受到心灵的宁静。我觉得文科生最宝贵的并不是做了多少题、写了多少论文，而是与世界不断地对话，通过自己的思考寻找让世界变得更好的途径，而在这一过程中，个人也会得到提升。

当然，除了自己阅读之

外，与老师进行交流也是非常必要的。北大的老师们都是知识渊博并且平易近人的，所以跟他们交流不需要有太大压力，只要你渴望知识，有求知的欲望，他们就会对你倾囊相授。面对一个感兴趣的问题，除了跟老师交流之外，还可以跟自己的同学讨论，大家都是同龄人，交流起来更加没有障碍，而年轻的、渴求知识的灵魂之间进行观念的碰撞，正是北大最有激情的地方之一。

因此，作为一个社科院系的学生，我主要的学习内容便是阅读、提问与交流。同时我还有一些阅读小技巧愿意和大家分享。阅读时首先要带着问题去阅读，不能毫无目的，否则读完后往往不知所云、鲜有收获。比如阅读柏拉图的《理想国》，就要不断思考：柏拉图的理想社会的本质是什么？雅典当时的社会对他有什么影响？他对后来西方的各种社会构想有什么影响与启发？在阅读《祖宗之法——北宋前期政治述略》时，就要思考：宋人为什么会如此重视祖宗之法？祖宗之法是什么时候形成的？宋太祖和宋太宗会说这种话吗？祖宗之法是一成不变的吗？在尊奉祖宗之法、使其成为政治共识的北宋，《宋史》中豪言“天变不足畏，祖宗不足法，人言不足恤”的王安石在历史上真的会说这种话吗？

这些问题都是需要不断地提出、不断地思考的，文科就是思考的学科，只有思考才能让你独立步入文科的殿堂，未经思考的人生是不值得过的，不经思考的书籍是读而无用的。其次是不要局限于某一本书，而要与你读过的其他书、听说过的其他书，抑或是那本书中所提到的其他观点的书相结合，将它们都找来读一读，相互比较。比如读完马克斯·韦伯的《新教伦理与资本主义精神》，就可以找来托尼的《宗教与资本主义的兴起》，这样你才能了解天主教的真正的内在精神，才能了解天主教积极的一面，而不是继续保持高中教材中的陈旧观念；读完陈寅恪的《隋唐制度渊源略论稿》，就应该找来唐长孺的《魏晋南北朝隋唐史三论》、田余庆的《东晋门阀政治》以及阎步克、内藤湖南和宫崎市定等人的书，相互比较，虽然最终不一定能得出颠扑不破的结论（即使是上述大师也做不到这一点），但是你对历史会有更丰满的认知，从而对现在的世界有更为理性和包容的观点。

（2）读书笔记

再次是要养成做读书笔记的好习惯。看书时尤其是看那些经典著作时，可以一边看一边做笔记，将自己的心得体会写下来，如果看完一本书后有所收获，那么最好及时将自己的感悟写下来，功利地说是可以为你以后写论文提供寻找材料的便利，但更重要的是能够帮助你更好地理解这本书，分析这本书的结构，同时还能提升自己的写作能力。

（3）广泛阅读

又次，看书不要局限于本专业的推荐书目，而应该拓展自己的知识面与阅读面。北大是非常重视通识教育的，我认为这非常正确，跨学科交流日益成为趋势，我们需要更广泛的知识积累才能顺应这一趋势，同时也能开阔自己的眼界。作为一个政管的学生，平时除了政治学的书之外，我还会看一些历史著作、经济学著作，同时修了心理学的双学位，当然也会看很多心理学的书。这些书不一定对考试有用，但是确实能够提高个人的水平。无用之用方为大用，专读无用之书，专治无用之学，乃是真正的大师所为。对于文科同学，我相信我的这些方法能够对你们有帮助；对于理工科同学，我并没有切身的经验，但是我所认识的许多理工科同学，学习时也不外乎做题、实践、思考与想象创造这些重点，具体怎样大家可以去询问有经验的学长学姐。

（4）选课之道

除自习之外，选课也是北大学习的一个重要内容。与高中不同的是，学校并不会主动帮你排好课表，而是需要你自己去选课，除了最基础的学分之外，你还可以选择自己感兴趣的课程。许多人往往会为了成绩而选择一些“水课”，但在我看来这是没有意义的，尽管你可能得到一个看似漂亮的分数，但最终你并不会收获到什么，反而浪费了自己的时间，因此我建议大家在大学选课时，一是要多选自己感兴趣的课，二是要多选名师的课。当然，这就要求你不能只局限于自己所在的院系的课。北大拥有丰富的学习资源，因此不要让自己的大学生活完全为成绩所逼迫，而是要趁机多选择自己能真正有所收获的课，这样你才能体验学习的快乐，并在北大找到真正的幸福。

4. 心态的调整

最后是关于在北大学习生活的心态问题，这也是困扰许多北大学生的问题——当然也包括我。大家之前都是各个地方的佼佼者，总是能在学校名列前茅，但是来到北大后却发现自己与真正的强者之间还有很大的差距，往往怎么努力追赶也追不上。学习的焦虑加上以后的保研、就业等问题，往往让人心生焦虑，甚至让人一度怀疑自己是否适合北大，不少同学因此萌生退学的想法，甚至有些同学真的退学重考。因此，如何调整自己的心态，也是在北大学习生活重要的环节之一。最初我感到焦虑时，就会选择去看一些充满哲理或生活韵味的“闲书”，让自己的心情得到放松，并不断告诉自己，只要做好自己的本分，结果就一定不会差，即便最后不尽如人意，也不会让人后悔。

哈德罗·布鲁姆说过，读书不会使人变好或变坏，也不会让公民变得更有用或更没用，在阅读的过程中灵魂就已经得到了救赎。我特别喜欢这一句话，我认为既然选择了北大，就更应该注重自己的提升，而不是还没有开始努力就焦虑这焦虑那的。虽然说出来可能有点难以服众，但我确实认为北大并不是一个值得你花大量时间思索功名利禄的地方，你更应该注重自己的个性发展。北大学生间流传着一句话：在北大，你可能遇见在A方面比你强但B方面比你差的人，也可能遇见在B方面比你强但A方面比你差的人，但你一定会遇见A方面和B方面都比你强的人。即便如此，那个人依旧无法取代你，人的价值的彰显并不在于你比谁谁谁强，而是你自己独特的个性、独特的闪光点。

但是，阅读并不是每次都能缓解我心中的焦虑，有些时候我也会钻牛角尖，也会在一个问题里出不来。这种时候，我就得感谢北大幽美的环境，我常常会在未名湖边散步，在林荫小道间的座椅上一个人坐着思考人生，有时也会去教学楼的自习区或是图书馆看看那些仍在为梦想努力奋斗的同学。每当这时，我心中的苦闷往往能得到缓解。如果一个人无法解决，就可以去找同学倾诉或是找北大的心理咨询老师。不要硬扛，否则这些苦闷会在你心中越积越深。要说永远心态积极那确实非常难，但是我们能从多方面调整自己的心态，而且我认为，虽然说出来有些伤人，但我们也确实应该认识并接受自己的平凡，然后奋起直追。在北大这样一个高手云集的地方，承认自己的平凡并不丢人，只要能做出改变，未来还是有无限的可能性的。

5. 结语

不知不觉已经在北大生活了一年，我也从当初一窍不通的“小萌新”变成了现在的“学姐”。时光荏苒，我也逐渐适应了在北大的学习生活，从最初的手忙脚乱，到现在的游刃有余，我逐渐能够适应自己的北大生活。这个园子里每年都会有新的人才进来，他们同样会经历一段时间的慌乱、困惑和焦虑迷惘，但是我相信绝大多数同学最终都能找到自己的定位和方向，同时我也希望学弟学妹们少走弯路，因此我写下自己的经验和教训，希望能对大家有所帮助，能够帮助大家更快地适应大学生活，尽快做到独当一面，在大学四年充分享受自己的幸福生活，不留下太多的遗憾，这样，我也就满足了。

我在北大等你

亲爱的学弟学妹们：

你们好！

相信大家现在都在为高考努力奋斗，希望有朝一日金榜题名，让自己从小学到高中的付出能有所回报。我相信大家都是砥砺奋进之人，对学习不会有丝毫的松懈。同时作为过来人，我也了解大家现在所经历的种种问题与烦恼，因此我写下自己的高中学习的经验与大学生活的感悟，希望对你们现在和今后的学习生活能有所帮助，或许能帮助你们解决一些问题，少走一些弯路，最终能在高考中做到最好。

现在大家面对的是全新的“3+1+2”高考模式：语文、数学和英语仍然是三门必修，“1”则是历史和物理二选一，“2”便是在政治、地理、生物、化学中选择两门。新的高考模式比以前更开放自主，同时也有了更高的要求，但这并不代表以往的高考模式的经验就毫无作用，所以我想以一个高考改革之前的文科生的身份浅谈我对高考改革的认识。同时由于我是一个社科专业的大二学生，所以我接下来的话是有所偏重的，希望大家阅读时自行进行鉴别，选择对自己有用的信息，想来也多多少少会有一点帮助吧。

首先，语文、数学和英语依然是三门必修课，这是不变的，因此大家仍要对其足够重视。语文主要靠积累，自己平时可以多看一些名家的散文和诗歌，提高自己的语文素养，同时由于现在全国卷的作文题基本上是对接时政热点，所以大家平时有空也可以看看新闻联播或是《人民日报》《光明日报》等，增强自己对时事的了解，这样面对作文时也不至于无话可写。我高中时的老师会让我们看一看近几年的《感动中国》的颁奖词，这些颁奖词不但文笔流畅优美，而且充满正能量，还对接时事热点，能帮助我们了解当下的价值导向。因此阅读《感动中国》的颁奖词是提高语文水平的有效方法之一，大家不妨找来阅读，想必能有所裨益。同时我认为语文不应该占用太多的时间，因为很可能花了大量时间而收效甚微，反而挤占了其他能快速提分的科目，良好的语文学习状态应该是在早自习和课堂上解决 80% ~ 90% 的问题，剩下的只需要每周花半小时不到的课余时间便可解决。

而数学并没有其他捷径，主要是通过大量的练习，来形成良好的题感，同时一边做题一边思考总结，如果平时有时间可以给自己准备一个错题本和好题本。错题本大家或许都有过，有的同学甚至可能有好几本，但是如果不能好好利用，只是单纯地抄错题，那么做错题本就只是浪费时间。我认为错题本应该是有针对性的，应该多抄录一些包含自己总是想不明白或是总犯错的知识点的题目，有空就拿出来钻研，如此反复就能加深自己对这些知识点的印象。同时需要备上一个好题本，将自己平时见到的出题特别巧妙、多个知识点交叉、解题思路和结构非常有水平的题目记下来，其一是为了防止第一次做出来是靠运气而第二次遇见就不知如何下笔，其二是可以锻炼自己的思维能力，其三是可以通过这些好题举一反三、触类旁通，下次遇见一些看似“奇怪”的题目时就能多一些思路和解题方法。

至于英语，大家更是要投入大量精力，尤其是在高一、高二的时候，应该将英语的基础打好，这样高三的时候就不至于太吃力。但同时也不能因此松懈，每天早上可以抽一点时间读读英语。另外说句题外话，我认为即使到了大学英语也不能松懈，北京大学历史学系的朱青生教授说过，英语现在已经是全世界知识分子的普通话。如果想要进大学以后有更进一步的作为，那么就不能放松对英语的学习，四六级考试也最好趁着大一赶紧给过了。

其次是物理和历史，物理我并没有太多发言权，但是对于历史，我自信还是有一点经验的。许多人可能并不理解为什么要将历史作为选择性必修，难不成只是为了刻意刁难大家吗？为什么不换成相对简单的政治呢？我认为，这与党和国家越来越重视历史在人文社科中的地位有关。习近平总书记说过，历史学是一切社会科学的基础。因此我认为对文科有兴趣的同学一定要对历史投入足够的精力，不管以后是否就读历史专业，培养历史的思维总会对人文社科的专业有很大帮助。同时历史的学习也能让人更加理性、包容地对待这个世界，能够更加实证地对待自己的所闻所见，有自己的判断力。对于历史学系，我推荐学有余力的同学阅读一下北京大学历史学系系主任张帆教授的《中国古代简史》，这本书最初是写给大学理科同学的，但是高中生阅读它既能学到丰富的知识，也并不难懂，因此我觉得想把历史学好的同学不妨看一看。

文科是需要大量阅读的科目，大学如此，高中亦然。为了应付高考，同学们肯定没有太多时间进行大量的阅读，不得不将大部分时间花在上课、做作业、刷题上，然而我认为，虽然刷题是高中生提高成绩的主要办法，但如果周末或假期愿意抽一点时间进行阅读，往往会有意想不到的效果。上面说到我对物理并没有太多发言权，但作为高中最难的理科（至少我是这么认为），我觉得大家自然也会足够重视它。千万不能因为历史和物理太难而感到厌倦失落，只要肯钻研、爱思考、多提问，总有一天能有豁然开朗的感觉。

对于政治、地理、化学和生物四选二，我认为大家可以根据以下标准进行判断抉择（先后顺序并不代表优先与否）。首先是自己的兴趣，现在既然高考模式更加开放，就说明国家教育部门并不想将大家局限在“文科”或“理科”的框架内，而是给予大家更多的选择，所以我觉得大家也可以适当参考自己的兴趣做出选择，这样既能收获学习的快乐，又能提高学习效率，何乐而不为呢？其次是自己的学习能力，如果你对某个科目非常感兴趣，但总是学不好，那么出于对自己的高考和未来负责的原则，我认为你不妨慎重考虑，究竟是自己学习方法不够好，还是真的不适合学习这个科目。如果真的不适合这个科目，那么你或许需要忍痛割爱，暂时放弃这个科目的学习，等到大学后也可以通过旁听和阅读来学习了解。最后是老师的建议，老师们往往都经历了多次高考模式调整，所以他们能以过来人的身份分析最新的高考模式的变化，从而有针对性地设计教学方案，如果你愿意多跟老师交流沟通，相信老师也非常愿意给你提出一些可靠的建议，让你少走许多弯路，能更快更好地适应新的高考模式。顺便一提，父母对高考的考量往往有着更为强烈的现实指向，因此很多时候你可能会与他们发生冲突，如果父母的期望与你的想法不合，不要总是和他们争吵，而应该一家人心平气和地坐下来好好讨论这个话题；如果父母比较固执，则同样可以向老师倾诉，让他给你提出中肯的建议，并向你的父母解释清楚——他们往往更有说服力。

不管高考模式如何变化，高考对学生能力水平的要求都是不会变化的，高考是筛选人才，因此只要自己学习能力够强，学习水平够高，掌握了适合自己的学习方法，就一定能在新高考中笑傲群雄。但是不管做何选择，我希望大家都不要患得患失，一旦下定决心做好了选择，就只管全力以赴，而不要想着是否还有其他的选择，你渴望的红玫瑰可能只是蚊子血，你渴望的白月光可能只是白米粒，只有掌握在自己手中的才是最好的，也是最现实的。大家都已经有了一定的判断能力，一定要做出对自己最为有利的决定。

高中阶段每个人的学习情况不同，所处的境界和心态也不同，因此也应该有不同的学习方法，只有对症下药，才能药到病除，所以我接下来便谈一谈不同类型的同学应有的不同的学习方法，因此下文针对性也比较强，希望大家酌情参考。

对基础较为薄弱的同学来说，我认为最重要的当然是先打基础。即便高三了也是“亡羊补牢，为时不晚”，打好基础在什么时候都不过分，高考挑选出来的除了一小部分极为优秀的人之外，大部分都是基础扎实的人，“基础不牢，地动山摇”这句话不是没有道理的，所以我想谈谈自己是如何打好基础的。首先是语文，上文我也提到了，语文无非靠积累。基础薄弱的同学们当然是先要把每一篇要求背诵的课文背牢，保证默写不失分，其次是病句题、成语题、排序题和语言得体题，这四个选择题的分数也务必拿下，而这当然也没有什么别的窍门，最主要的当然还是背诵、记忆与练习。每天背上五六个成语，做一两道病句题和语言得体题。语句排序很多时候并不是靠刷题就能得到提高的，更多还是得靠阅读来加强自己的语感，最好最终能做到一读就能得到答案，当然对于初级选手来说这不太现实，但是相信经过大量练习之后，基础就能打牢，从而进阶更高的层次。阅读题和作文题同样需要平时阅读的沉淀及对时事的关注把握，上文提到的《感动中国》的颁奖词的确是行之有效的，希望大家对此给予重视，多多背记。再来说说数学。数学对于基础不扎实的同学来说可以说是相当痛苦的吧？看着那些看似熟悉却做不出来的题目，的确是让人非常痛苦，但我想说，基础不牢的同学们要先调整好心态，摆正自己的位置，认清事实，不要老想着从不及格一下子跳到 140 多分，这是不现实的。我觉得对基础不扎实的同学来说，最有效的还是错题本，但是想来这类同学每次考试之后都会有大量错题，每一题都抄录下来的话太费时间，效果也并不是特别好，我觉得还是应该抄录那些非常典型的错题，尤其是自己一错再错的题目，这些才是你真正的软肋，同时也是你可以改善的。数学全国卷除了选择题最后一题、填空题最后一题以及解析几何和导数函数两道问答题共四道题外，我认为其他都是没有太大难度的，因此基础不太好的同学的首要目标是把经常做错的类型题做对，下一个目标是少错题，最后要做到保证那四道题以外的分数都能拿下，那四道题尽力而为便可，多一分都是赚到。在这个过程中除了刷题，也要经常向老师和成绩比较好的同学求教，他们能从不同的思路与角度给你解答，让你能更加全面地认识这道题。而英语当然也无非是背记单词、语法，然后每隔两三天可以做一张英语卷子，保持做题的感觉，这样才能直到高考都保持较好的势头。基础不牢的同学经过大量的练习和记忆也能够做到很好，英语是一个比较好拿分的科目。至于历史并没有其他办法，上文说的历史阅读并不适用于基础较薄弱的同学，因此这些同学应该将大部分时间用在背教材和刷题上，这是屡试不爽的老法子，一直都非常有效。政治最重要的也是背教材，不管考试出什么题，都是万变不离其宗，因此只要背好了教材，就能拿到基础分，对于其他的暂且不要好高骛远。政治切忌在没有背熟教材的情况下就胡乱找一些参考书或者时政热点的分析书来看，这些往往只能耽误你，降低你的学习效率，只有把握最根本、最核心、最基础的教材，才能在文科考试中立于不败之地。地理当然也是要背牢教材，同时我认为大家应该学会看地图，包括地形图、气候图、矿产资源图、国家和行政区划图等，一回生二回熟，多看几次地图，就能做到“胸中有丘壑”，这样对于地理学习和考试更有帮助。上面说了这么多，大家应该发现文科无非是背记，事实上的确如此，对于大多数科目来说，教材就是最好的基础，记住教材就是最扎实的基本功。物理、化学、生物由于我自己并没有高考复习经验，因此也就不拿出来献丑了，大家可以去找自己的理科学长学姐，他们比我更有发言权。

成绩中等的同学其实是很有潜力的可塑之才，应该先继续夯实自己的基础，让自己的基础更为牢固，这样才能放心地冲击更高的阶段，同时也要摆正心态，不要妄想一下子冲到最前列，凡事都有一个过程，要循序渐进，一步一个脚印，才能最终实现自己的目标。同时不能各个科目均匀发力，必须找准一到两个自己能够提升的科目，进行大量地练习，将自己的成绩提上去，这样相信过不了多久就能得到突破。

处于“瓶颈”期的同学尤其要摆正心态，要相信“瓶颈”只是一时的，只要突破就会迎来更辉煌的时刻。但至于怎样突破“瓶颈”，我认为可以先改变学习方法和对学习时间进行分配，找准自己是哪个科目迟迟不能突破而拖了后腿，然后更有针对性地学习，同时可以考虑适当地进行课外阅读和课外运动，不要老是将自己局限在教室和教材内——当然，这并不代表可以因此松懈对基本功的重视。只有咬定青山不放松，才能拨开云雾见青天。

对成绩处于上游的同学来说，最重要的是将自己的成绩稳定下来，同时摆正自己的心态，戒骄戒躁，成绩偶尔有波动也不要一下子就慌了神，要相信自己的实力，不要在乎一时的得失，这些在最终的高考面前都算不上什么，只要心态良好，正常发挥出自己的水平，结果就不会差。同时要注意休息，不要老是因为处在学习的焦虑之中而过度劳累自己，一定要保持充沛的精力才能越战越勇。

最后，我想对每一个同学说，高考是人生的一大关键节点，但并不是最重要的节点，无论结局如何，我都希望各位能坦然面对。北大社会学系渠敬东教授说过，文科就是有无限可能的学科。英国著名历史学家霍布斯·鲍姆也曾说，未来是不可预料的。因此我相信各位都会有一个光明美好的未来，不管最终去往何方，我希望大家永远能保持思考、理性、善良、包容等美好的品质，未经思考的人生是不值得过的，我写下这封信，最大的期许便是大家能够在读完后对自己的人生有所思索、有所追问，这样，我也就满足了。

祝

身体健康，学业有成！

周芷怡

清华大学

学区	江苏无锡
语文	133
数学	145+32
物理、化学	A+ A+
英语	102
总分	417
学业水平测试加分：5	

世上只有一种真正的英雄主义，那就是看清了生活的真相后依然热爱生活。

细节决定成败

第13章

一

“粗心”不背这个锅

虽然这是老生常谈，虽然看上去像心灵鸡汤，虽然你可能早在初中就写过无数篇相关话题的议论文，但先别急着跳过这一段。

相信大多数人都会有这样的经历，老师家长在别人面前谈起孩子的学习会以三分称赞、三分惋惜、三分恨铁不成钢的语气说：“这孩子聪明是聪明，就是太粗心了。”或者在偶尔考砸后父母拿着卷子问怎么错了那么多，孩子又赶忙拿“粗心”作为挡箭牌，“这些题我都会，就是粗心算错了”“题目条件没看清”“太紧张抄错行了”……好像知识掌握不牢固、公式运用不灵活、考试时间安排不合理这些大问题，冠以“粗心”之名后，就变得没有那么不可饶恕了，尤其是加上一句“下次一定”的保证，父母的怒气就能立马消散。

当一个理由被从小用到大之后，我们可能也慢慢相信了这套说辞，相信只要我下次再细心一点，这些不该错的题、不该失的分都能被轻松拿下。但事实真的是这样吗？哪怕是到了高考考场上，绝大部分人都会因为心态问题而比平日小测失误更多。然而真正的超常发挥不是说灵光一现把平日里做不出来的压轴题做对了，而是把所有可以以“粗心”为借口的错误都避免了，这就体现在平日训练的容错率上。在时间极度缩水的时候你的基础题与综合题的较高正确率，在一目十行的阅读过程中把握重点也不忽视细节的信息获取能力，在紧张到手都在颤抖的时候脑袋也能按照既定思路飞速运转的思维能力，这些都不是一句“下次考试再细心一些”就能达成的，而是在之前无数次想把锅推给“粗心”的时候，对自己真正欠缺的东西作内省与反思后才能训练出来的。而意识到问题才是解决问题的第一步。

二

纳须弥于芥子

可以先试着拿出一张最近使用过的草稿纸，看看能否辨别出某一部分是属于哪张卷子的哪道题目。或是掏出一张老师批改过的数学卷子，找到其中最醒目的一个叉，试试还能不能翻出做这题时的草稿并从中找到失误所在。如果不能，那我们想象这样一个场景：在数学考场上，你在检查过程中发现你这次计算的答案和第一次并不相同，当你想比较两次计算的中间量结果时，将草稿纸翻来覆去从满目狂草的数字中找不到第一次的计算，此时还剩一分钟就响铃了，你是保留第一次的结果还是赌第二次的结果？

这是试卷之外的细节，是阅卷老师看不到的细节，是不会具体体现在解题上的细节，但从中能看出一些细节——你做事的条理，还有你会不会给自己留退路。其实你未必能够通过清爽的草稿纸检查到原先的错误，但规范草稿也是在规范自己的做题习惯，字可以不好看，不用刻意花时间，但其中表明了你的态度：

每一道题目都以严谨的态度面对。可能这只是一种形式上的纠正，但潜在的仪式感会对你的解题态度产生一些微妙的影响。

这只是一个简单的例子。做好微小细节的人并不意味着不会“仰观宇宙之大，俯察品类之盛”，而是能够将自己对大局的态度清晰地映射到每一个步骤当中，犹如“纳须弥于芥子”，将偌大的须弥山纳入微小的芥子当中。而我们所要训练的，就是通过上述例子中的仪式感，或是其他强化主观意志的方式，将“心”固定在我们着手在做的小步骤上。

三 细节不等于细枝末节

小时候学写记叙文，一定进行过无数细节描写的专题训练，也一定区分过什么是为主旨中心服务的细节，什么是使时代背景与感情色彩交织于一体的细节，什么是完全为了凑字数的废话。这就是细节与细枝末节的区别，为目标服务与假装为了目标服务，而后者在具体事宜上还会顺带酿造一些自我感动。

在英语阅读理解中看到了一个不认识的复杂单词，还是个名词，就积累下来温习巩固以期下次遇见能知其义。这足够细节了吗？在平日学习过程里就积累了词汇量，听上去颇有“学海无涯苦作舟”的气概。对于真心热爱英语的人来说这自然是乐在其中，但对于其他只是想做好一门功课的同学而言，这就是不愿意花时间思考收益，而是用低效的努力感动自己的细枝末节。真正的细节应该是对各种词根的积累，对复合词义的猜测，对生僻词的不予理会，对动词或表征情感色彩的关键词的精准把握。就像外国人读汉字文章看到“貔貅”两个字不应该是反复抄写默默背诵，而是将其偏旁摘录下来，下次看到类似的就能明白：“哦，原来是像豺一样的肉食性动物。”判断细节与细枝末节之间的差异，找准发力点，才会事半功倍。

“细节决定成败”这句话本是耳熟能详的心灵鸡汤，大众化到可以作为一个典型的中学生议论文命题，很少有人怀疑它的真伪。或许我们可以想一想这句话是否有些片面。学过马克思主义哲学的高中生应该都记得里面的矛盾论：事件的主要矛盾和次要矛盾，矛盾的主要方面和次要方面。其实“细节决定成败”与“压死骆驼的最后一根稻草”有异曲同工之妙，真要到了最后一根稻草决定成败的时候，那必然是关键要素都已具备。但基础还未稳固、大局观还没树立的时候，所有的细节，都只能算作是花里胡哨的细枝末节。

记忆方式与背诵

第14章

一

艾宾浩斯遗忘曲线

要说高中最怕语文书上的哪几个字，那一定是“背诵全文”。背诵一直都是我高中文科课程学习的一大障碍，铲平障碍要靠什么？靠科学。

德国心理学家艾宾浩斯提出了描述人类大脑对新事物遗忘规律的遗忘曲线，这条曲线告诉我们遗忘的进程并不是均衡的，在记忆的最初阶段记住的东西丢失得最快，后来逐渐趋缓，到了一定长时间后几乎不再遗忘。新学的知识如果不及时复习，一天后就只剩下25%。科学表明，最佳的复习点按照以下时间序列排布：5分钟，30分钟，12小时，1天，2天，4天，7天，15天。在完成了这八个记忆周期后，记忆程度不可同日而语。

目前主流的几个背单词的App，都会在推送当日计划中学习新单词的同时，夹杂着复习以往学过的单词，而推送的频率与时间都参考了遗忘曲线。如果我们能花一点点时间对需要背诵的内容做好复习的时间规划，那记忆的效率就会事半功倍。

二

理解是记忆的基础

首先送上一颗定心丸：高考前所有考纲上要求背诵记忆的东

西，你一定会记得滚瓜烂熟。在一轮、二轮、三轮复习的轮番轰炸下，就算再怎么不情愿，老师也一定会逼着每一个人把这些内容背熟。所以我们不必太过担心最后的结果，关注记忆方式主要是为了让自己背诵的过程稍显轻松愉悦一些。

上面艾宾浩斯的实验只针对了无意义音节的记忆，但在我们的学习过程中，大部分需要背诵的课文、单词都是有其内涵的，故在背诵时需要在充分掌握其含义的基础上进行联想记忆。

对于古代文学作品，如文言文、诗词等，对其中每一个字的含义的把握都是至关重要的。文言文有一定的行文逻辑，在逐句厘清表意的同时也要梳理好全文脉络，明白这一段在说什么，下一段在说什么，这两段之间是否有起承转合的关系。如果是论述观点类文章，就要辨析出其引论、本论、结论的结构，以及相应的论述方法。如果是记叙写景类文章，就要记下其中的时间、地点、方位关系。这样在我们背诵的过程中，就能顺着作者的思路重新叙述，而非简单地凭借类似于肌肉记忆的惯性。

对于英语中的单词、词组，最重要的就是对词根词缀的掌握。我们在记忆汉字的时候，一定不是按照横竖折撇点捺去记，而是将一个字拆分成不同的部分，比如偏旁之类。我们在记忆英语单词的时候也是同样的道理。比如说，“sl-”开头的短词都是跟滑与瘦有关，如 slip 滑，slick 光滑的，slope 斜坡，slant 倾斜，slim 苗条。在梳理了这些之后，哪怕看到“slant”这个单词发现不认识，也可以从它在句中的词性和“滑”这个意向去推测。又如，“tw-”开头的短词大多都和扭或者数字“二”有关，如 twist 扭曲，twitch 抽搐，twine 缠绕，twiddle 捻，

twin 双胞胎。在积累了大量的词根词缀之后，你就会发现背长单词也变成了一件非常简单的事情。比如，“autograph”，其中 auto 是自己，graph 是写，那“自己写”合在一起就成了“签名”。其实单词是越长越好记，因为单词越长词根就越多，也就衔接得越工整，多个词根叠加起来的含义也就越明晰。

对于其他需要背诵的科目，如历史、政治等，各科都有其独特的记忆方式。比如，历史的时间线梳理，政治的“是什么—为什么—怎么做”思路。它们相较语文、英语来说记忆难度不是特别大，只要跟上老师的思维，课后好好地按照遗忘曲线巩固温习，就能收获不错的成效。

怎样学好数学和英语

第15章

一

我是这样学数学

在走分享流程之前，我想先说句题外话。大一的时候和集训队的数竞同学交流，他说的一句话让我印象非常深刻：“什么是数学？我就是数学。”我想，如果我在高中的时候能有幸听到他的这个观点并能够体会到其中深意，我的初等数学应该会有质的飞跃。但在我高中还没有真正融会贯通各种知识点之前，大概会将其看作是幼稚而中二的宣言。

可能对于高一、高二的学生来说，很难想象出这样高屋建瓴的姿态。举个例子，现在很多国内教材的通病是在引入一个新概念之前，并不会过多解释为什么要引入这个概念，只是通过课后习题让你反复辨析记忆，这也就导致按部就班地按照教材顺序讲解的老师也会忽视这个新概念与前后的联系。

我之前辅导了一个高一的学生，他在刚刚接触有机化学时一直对同系物有些困惑，一遇到分辨是不是同系物的题目就跑来问我。有一次我教他选出了题目中要求的正己烷的同系物，结果他在小猿搜题后告诉我我错了，我误把正己烷本身选了进去。我问他什么是同系物，他一字不落地把课本上的概念背了一遍：“结构相似、分子组成相差若干个 CH_2 原子团的有机化合物。”我问他为什么要这么分类，他答不出。我不学化学已经三年了，我背不清某个分子自己能不能算作自己的同系物，但我清楚地记得我高中有机化学知识脉络的基石是同系物，是下面学习烯、醛、醇、酸等物质的分类基础。书本递给你一块砖，你就死死盯着这块砖表面的纹路细节，却不去深入思考这块砖能被放在知识大厦的哪一个地方，那这块砖就不会成为你的工具，而你则成了它的奴隶。在烃基都没有学完的情况下，课本先强行给你灌输了同系物、同分异构体的概念，也不告诉你为什么要这么划分，这么划分和之后的学习有什么联系，这是一件很糟糕的事情。长此以往，你的体系里是没有“我”的存在的，你会记得的是“同系物需要分子组成相差若干个CH_2，不差不行”，不是“同系物的划分就像大一上学期无机化学学过的，通过最外层电子数划分出不同的族，同族因为具有类似的性质，所以我可以把它们归在一起学习”。“我”，才应该是体系建构中的主导，而成为主导的前提是能够清晰地知道这个概念对我来说有什么用，甚至有一种“对我没用的概念我都懒得记”的固执与强硬。

如果说只是在有机化学上不明就里地接受课本上的概念，那你把整本书都背下来效果也不会太糟糕，毕竟其本身还是比较琐碎的，留给我们自由发挥的空间不是很多。而如果在数学学习中也忽视了“我”在知识体系中的主导地位，那么不一定会学得有多糟糕，但可能失去了统观全貌的乐趣和灵动。

举个例子，什么是几何？严格意义上的几何是现实生活中根本不存在的东西，圆画得再标准，放在电子显微镜下看也一定有棱角。那这个不存在，或者说即使存在也极为不严谨的东西，究竟为什么被提出来？因为我们需要用它来解决实际生活问题，生活中没有绝对意义上的几何图形，就无法进行逻辑推导，那我们就自己创建。第一个系统性地提出要构建这样的特殊存在的人是欧几里得，我们高中学习的初等数学中涉及的几何均是他提出的欧氏几何公理系统的延伸。他是怎么凭空造物的呢？先提出五条公理。什么是公理？就是你要想在我构建的系统里推演，就得先无条件承认这些，无须证明也别问为什么，我是造物主听我的。五条公理是什么呢？这是教科书里没有的：

①任意两个点可以通过一条直线连接。

②任意线段能无限延长成一条直线。

③给定任意线段，可以以其一个端点作为圆心，该线段作为半径做一个圆。

④所有直角都全等。

⑤若两条直线都与第三条直线相交，并且在同一边的内角之和小于两个直角的和，则这两条直线在这一边必定相交。

看上去是不是五句废话，说了和没说一个样？那是因为我们已经习惯去接受“书上给的操作一定可以实现”，及“书上给的定理绝对正确”的观点。如果有人指着一张图问你上面这两条直线为什么平行啊，你瞥了一眼回答道因为同位角相等啊，那如果继续追问为什么同位角相等就平行呢，你可能就想把数学书甩他脸上：“哪来那么多为什么！”但我现在可以告诉你，书上的定理都是可以通过上面的五条废话一样的公理严格证明的，这个时候如果有人继续追问“为什么任意两个点可以通过一条直线连接呢”，你就可以回复他这是欧氏几何的基石，欧几里得一开始就摆在那里：我说的都对，不对也得对，这是我的地盘，有本事你就别在我的公理体系下推导。看到了吗？初等几何回归到最后，只剩下一个“我”，旁边刻了五条没有任何道理却不容置喙的公理。靠着一个“我”和五句“废话”，我们高中能接触到的几何大厦里的所有定理公式都被推导出来了。

回到整个初等数学，可以反思一下“我”这个角色是不是还稳稳当当地立在那里，是不是能对书上写的各种定理公式招之即来，挥之即去，还是变成了它们的奴隶。现在我去教高中生，我会以一种很快的节奏问他们，通过题目中这个条件能不能得到某个中间结论，只需要回答我能还是不能，然后通过这个中间结论能不能得到下一个结论，最后通过这个那个条件能不能得到最后答案。我相信很多人问别人题目的时候都遇到过一种回答：“这不是一眼就能看出来是这个答案吗?”这个所谓的“一眼看出”，看到的就是略过所有中间证明过程、略过套用的究竟是哪些公式，在极短的时间内顺应我之前的思路给出一个回复：“能！”之后再去细究这得出结论的过程中要用哪些公式，要怎么证明，只要不是考试，不记得的时候甚至能翻出笔记本找找公式的具体表述。这个时候，定理公式是你的工具，“我”这个角色的意义是从一开始就给出一条龙式的因果，忽略所有工具的旁枝末节。真正等你严丝合缝一步步看有什么工具能做到从哪步到哪步时，思路会被严重打断。这个时候甚至能靠直觉，我觉得由这几个条件能唯一得到下一步的答案，那就干脆把它暂定为你的公理，等整道题目的思路明晰了，再去抠其中的细节。可能有人要问，万一我的直觉错了呢？这个时候你对答案的灵敏度就很重要，认定这条路的前提是，以“我”的思维发散程度暂且找不到其他的路，如果事实证明有其他的路，那就在其中好好淬炼自己的思维方式，这是后话。

不知道仅通过这寥寥数语，对“我就是数学”的阐释能否被读者接受，无论最后是否对成绩提升有帮助，我都希望高中生能在初等数学的学习中咂摸出一些趣味，能够找到“我”的存在。

（一）数学课前准备

我一向不支持对理科类课程，尤其是数学做太过详尽的预习，尤其是在假期补课或是提前学习下学期的知识时候。

从收益来看，如果通过自学、在家刷题就能搞明白的知识点，那么通过上课听讲也一定可以，将基础性的知识看一遍两遍三遍没有意义，将提前学习就能做出的题目刷一道两道三道也没有意义。从短时间来看，可期的收获只是家庭作业或者周常小测的正确率比身边没有提前学习、才刚接触这个知识点的同学略高，频繁地带来一种心理上的满足感，但要知道这种差距会在课业正常题量的累积后逐渐缩小直至可以忽略。而从功利的角度来看，最后高考冰冷的分数是不会在乎你之前的家庭作业有没有受到老师的表扬。从亏损来看，提前学习会减少对听课的新鲜感，绝大部分老师的备课是非常用心的，顺着老师的讲解思路走会更容易摸到学科的门道。比如，对一个公式定理的推导演算，如果我已经通过提前学习知道了大体思路或是最后的结论，那我就失去了一次有老师引导的思路探索经历，虽然可能最后体现在考点上时只需要对结论进行应用，并不要求掌握证明过程与来源，但长此以往，在三年时间里这种锻炼机会的缺失会导致对综合题、压轴题的无措，甚至造成整个数学思维模式的僵化。并且，在没有任何了解的情况下厘清的知识脉络，谁是谁的因与果，会变成真正我自己的东西，而不是从辅导书上看到的知识架构图，会做哪类题目了就在对应的知识点上打个钩，那我就变成了数学的工具，而不是将数学作为我的工具。

当然，如果任课老师在课前布置了预习任务，如果是简单地看课本第几页到第几页，那便不建议照做，就像如果我想享受一部电影，那我一定不会提前去看剧透。如果是提前让你找些资料或对一些问题进行思考、列举，那这样的预习一定要认真完成，就像我看《复仇者联盟 3》之前一定会先把前几部补全，这样才能体会到其中伏笔与呼应的绝妙安排。

（二）数学课堂直播

1. 听讲技巧

我觉得高中三年最实用的听讲技巧是：晚上早点睡，中午好好午休，以及习得想睡的时候趴下五秒钟瞬间入睡的技能，这样在课间就能拥有长达十分钟的超高质量睡眠。这可能是本节内容的唯一“干货”，课间的十分钟小眠，足够让你保持 45 分钟的精神集中。

我高中的时候数学课十有八九是在上午第一节，整个人都处在怎么睡都睡不够的状态。我数学课上开小差只有两种情况：一是实在困，有时撑着头一闭眼一睁眼就仿佛进行了一次时光穿梭；二是下节课是语文课或者英语课，默写内容还没背熟。如果你真的能做到一节课45分钟至少有40分钟在认真听讲而不在开小差或者眼皮睁不开，那么剩下的听讲技巧才能对你有效，否则不如想想怎么补觉。

我几乎每个课间都在睡，因为听讲本身其实是一件很累的事情。它不是那种带上耳朵把老师说的每个字听清、每个句子的意思都理解、抄抄板书的那种听讲，而是在听的过程中不拒绝思考全盘接收。就像我之前说的，多问问这个概念的引入“对我有什么用”，在消化了来龙去脉、论证过程后再抛开细枝末节，将条件结论绑定在一起，再通过课后习题消化成一种条件反射，也就是你的“直觉”。这样有辨别地挑选、剖析、归类、吸收是我在上课听讲时就一气呵成的，可能由于我当时的数学老师习惯了慢节奏，所以在完成这些头脑风暴之后我仍可以跟上老师的节奏。如果老师教学节奏稍快，也可以只消化来龙去脉，课后再去反思驾驭剩下的部分。在听习题课的时候，如果有费解的地方，就一定要做好记录下课去问老师，思路受阻后得到的启示、汲取的经验要远比你能不能默和差化积、积化和差公式重要。

2. 笔记在线

对于理科类课程的课堂笔记，一言以蔽之——抄板书。

除了抄板书之外还能做什么？再多也不过多拿几支不同颜色的笔，把老师说的重点圈一圈画一画。如果你在一边思考一边听课的情况下还能跟得上板书抄写，那么效率已经很高了，个人不是很建议再对老师的板书取其精华去其糟粕，毕竟数学笔记充其量只是个工具箱，记录的是一些你能拿来用的东西，但前提还是你能熟练掌握在什么时候该用什么工具（定理），并且知道这个工具（定理）的存在。

（三）数学课外生活

1. 基础巩固与难点突破

之所以把这两个点放在一起，是因为我习惯将基础和难点定义为：笔记本摊在面前，能够做出来的题目是基础，笔记本教科书都摊在面前还做不出来的是难点。

对基础题来说，既然给你一本薄薄的笔记本就能做出来，那高中三年再不济，把笔记本上的内容全背下来也不是什么费劲的事情，真正费劲的是如何在做基础题的时候强化你的数学直觉，如何把基础题的条件和结论，抽象成输入输出，演化为读完题目瞬间就能确定可以得出哪些未知量的能力，且中间大可不必将步骤在脑海中捋顺。这个锤炼的过程，是在弥补你在听讲中没有完成的步骤。

什么叫抽象成输入输出？我举个例子：

某小区设计的四边形花圃如图所示，由于A、C之间有水池，花圃边缘点P设计在△ABC内，已知AB=CP=2m，BC=3m，∠P与∠B互补，记∠B=α。

①试写出 AP 关于 α 的解析式。

②求花圃面积的最大值，并写出此时 α 的值。

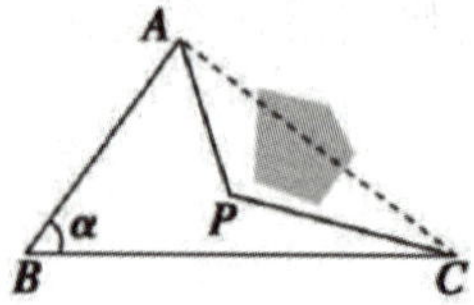

这是一道显而易见的基础题，我在读题的时候，一读到题目给了AB、CP、BC的值，指定了 α 角，同时给了另一个互补角，我的思路就像一个黑箱子，左边输入AB、BC、α，右边输出AC，再连同CP、∠P作为下一个黑箱子的输入，输出AP。以上的输入输出的逻辑简图出现在你脑海的时间不应该超过你读题时在图上标完已知量的时间。之后我们再拆开这两个黑箱子，再去抠中间要套用什么公式，如果不记得定理具体内容就去翻翻书。在极短时间内就能确定这些输入一定能得到这些输出的能力，要比你真正记住了对应的公式更重要。

当通过做各种家庭作业、课堂小测、周考、月考、期末考后，基础题的题量便足以应付高考所需，但前提是在做题时，你不是先去联想相关知识点有哪些公式，从一堆公式中选出要用哪个，而是用黑箱子代替，理顺总体框架。基础题的作用是强化你对单个黑箱子的直觉以及拆开箱子后的熟练度。

同样是关于三角的题，有些题目的设置让你无法有底气地通过已知的条件确定可以通过几个黑箱子得出结论。比如：

在三角形ABC中，D为BC中点，∠BAD=45°，∠CAD=30°，AB= $\sqrt{2}$，则 AD 长为多少？

数学填空中的综合题不需要太过花哨的表述，只需要一行字就能让你无从下笔。二话不说先画示意图，不管画哪类题目的示意图时，都需要特别关注的是，这幅图是不是唯一的？通过所给条件是否能唯一确定这个三角形的样子？能让我们卡壳的几何类问题在这方面多半是含糊不清的，这个时候就需要通过想象力和数学直觉，比如固定BC线段的长度，让AB的相对长度变化绕一圈看看满足两个角度条件的三角形有多少个，然后大胆地判定这个图形是唯一的，将其作为自己的公理。经过了无数基础题的摧残，看到三角形问题给出了两个角一条边并要求另一条边，那多半是需要将其已知量通过几个黑箱子转换到同一个三角形中，然后无非如何构造的问题。能和中线这个条件一起参与构造新的三角形的方式，只有延长一倍和截取一半，同时输出量应该是延长或截取后造出的线段参与构成的角和另一个已知角相等，这样才能做到一个黑箱子输出时另一个黑箱子对应输入。你对欧氏几何足够敏感的话，就不需要将AB、AD两条边尝试四次，能直接看到三角形中线与平行四边形之间的联系，延长AD直接将原图形补作平行四边形，继而借平行关系将30°的角转换到同一个三角形中。

黑箱本是我读大学后在工程数学中才接触的概念，但我意外发现其与我学高中数学时的解题思维莫名契合，关注输入什么输出什么，关注这个黑箱的输出应该和下一步的输入相对应，关注中间所求量的承前启后的地位，是打开很多难题的突破口的方式。

2. 高分攻略

（1）畏难情绪

作为一个饱受了号称“地狱模式”的江苏卷摧残的考生，我高中三年都活在葛军的阴影下，也深切地体会到逻辑思维能力在江苏卷的综合题与压轴题中的分量。由于江苏卷教材、题型、难度和侧重点与全国卷有所不同，我也不是十分确定我的攻略对全国卷的考生是否有借鉴价值，但听说近几年江苏省取消独立命题，并入全国卷，不知是否会向全国命题组献宝式地献上葛军。

但如果真的问我数学难不难，我很难给一个确定的答复，毕竟高考涉及的初等数学难易的区分度不大，只在于是否能想到，而其中检测的就是你到底是只会生搬硬套书上的公式、只会做典型例题，还是有活学活用的能力，所以最首要的还是克服畏难情绪。刷多了卷子后，很多同学都会单凭这道题目在卷子中的题号顺序先入为主地判断难易程度，或者在采用惯常做法解题失败后开始畏惧，而这种负面情绪会极大地限制住你的思维，还会增加你计算的失误率。我的高中老师做过一件特别有意思的事情，他将一次周测中的填空压轴题的顺序提到了第三道和第四道，并且由于题目表述的精简而显得毫无违和感，结果导致我连空两题后心态毫无征兆地崩了，畏难情绪也直接影响到后面的所有题目，连送分题计算都错误百出。

这种畏难情绪可能没有什么特别的方式去改善，只能多经历几次卷子的重锤，平时多逼迫自己直面那些偏题、怪题，要想真做到“山崩于前面不改色，海啸于后心思坦然”的话，必定很难，但意识到问题的存在是解决问题的第一步。

(2) 转化能力

放一道我当年高考遇到的应用题，就是传统意义上老师口中应该是送分的那种应用题：

如图，水平放置的正四棱柱形玻璃容器Ⅰ和正四棱台形玻璃容器Ⅱ的高均为32cm，容器Ⅰ的底面对角线AC的长为$10\sqrt{7}$ cm，容器Ⅱ的两底面对角线EG，E_1G_1的长分别为14cm和62cm。分别在容器Ⅰ和容器Ⅱ中注入水，水深均为12cm。现有一根玻璃棒l，其长度为40cm（容器厚度、玻璃棒粗细均忽略不计）。

a. 将l放在容器Ⅰ中，l的一端置于点A处，另一端置于侧棱CC_1上，求l没入水中部分的长度；

b. 将l放在容器Ⅱ中，l的一端置于点E处，另一端置于侧棱GG_1上，求l没入水中部分的长度。

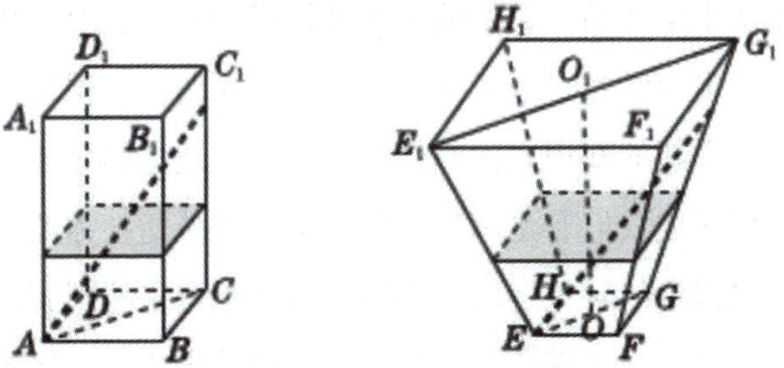

容器Ⅰ　　　　容器Ⅱ

当时在考场上的我只觉得这是一道很有意思的题目，切几个截面就能演变成一道图形已经唯一确定的基础平面几何，辅助线很容易想到，整体耗时也没有太久。直到走出考场，我才发现周围的人感慨最多的不是想不出证明的数列和读题都算浪费时间的附加题压轴数论，而是这道应用题。不承想，这道题卡住了很多水平在普通“985”上下的同学。这样的创新类题目是江苏高考的有趣之处，试卷一下发它就以陌生的面孔吸引了考生的视线，乍一看很吓人很诡异，因为大家从来没有遇到过，但静下心仔细审题就会发现这也只是经典题型的变形。在考场上有意识地将陌生的题目转化为熟悉的题目，能更迅速地找到解题突破口，而这种能力的获取，欢迎全国卷的考生参考从 2008 年到 2018 年的江苏卷。创新类题型并不是压轴题的专属，综合题改头换面也是常事，对在短时间内做不出压轴题的广大考生来说，如何透过陌生的面孔迅速抓住创新类综合题的本质，是把握形势、抓住区分度的关键。这题 16 分，在当年就是复旦和电子科技大学间的差别。

（3）刷题与错题

可能从小学开始，数学的学习就始终绕不开这个话题，这也一度成为抨击数学教育的矛头。我个人对刷题持有保留态度。在刚刚接触一个新的知识点的时候，确实需要通过刷题让解普通黑箱子的过程变成我们有足够自信信手拈来的技能，需要刷题让我们适应该知识点的常见考法，在刷题过程中对它的理解也会有所加深，偶尔也会捡到需要和之前知识点相结合才能解出的宝藏题目，这些都是需要一定的题量积累。

但课外的刷题是否必要，这点因人而异。一般来说，老师布置的作业及各种测验是能够满足需求的，过了初学阶段后，题量就在精不在多，集错同理。我见过高中三年收集了厚厚一沓错题本，考前还会翻看复习，但考试就是不尽如人意的同学，也见过从来不集错、不额外刷题，但数学分数总是在清华北大单科线附近徘徊的同学，这样的差异在于做同一道题目，每个人的收获是不一样的。比如我之前举的三角形的题目，有人做完之后只是学会了这一道题目的解法，只能做到出现原题的时候改一改数据还能做出来；有人加深了对平面几何中三角形中线的认识，了解到其与平行四边形的联系，下次看到关于中线又多了一种潜在的突破点；也有人借此理解了我所说的黑箱子的比喻，锻炼了寻找输入输出承前启后的逻辑支点的能力。如果有时间将错题一道道誊写在本子上，不如静下心多花十分钟思考，这道题目教会了我什么。

等题量有所积累后，就要慢慢学会去给题型分类。对于那些有价值去做的，就要整理解题方法，去思考自己的思维方式哪里出了漏洞，导致没能找到正确的解题思路；那些题型十分经典的，就适合考前拿来练练手感，保持一定的兴奋度；那些简单又没有价值的，就无须投入太多的精力重复性地做了。

二

我是这样学英语

（一）英语课前准备

高中时，我会按照本班英语老师的教学安排进行提前学习。在上课前，英语老师会下发课程导学，让大家参照讲义提前进行预习。我会浏览讲义中列举的重要知识点并标注感到疑惑的地方，在上课时向老师提问，同时保质保量地完成相关习题。“凡事预则立，不预则废”，预习的好处在于让大家提前熟悉上课的内容，形成“第一印象”，这样哪怕你上课偶尔开小差，也能及时追上老师的步伐。另外，时间就是金钱，预习可以方便老师加快上课的进度，节约宝贵的课堂时间。

一般而言，老师都会要求大家背诵每个单元的单词表。我个人十分不支持死记硬背地记忆单词。单词后面的音标绝对不是摆设，它们不仅能纠正大家口语的发音，还能帮助大家记忆相应单词的拼写，因此我常借助音标将复杂的单词进行拆解记忆。这一点也有助于听力答案线索的记录。如果你熟练掌握音标且发音标准，就可以根据其发音大致拼写出相应的单词。在背诵单词时，需要注意单词的准确拼写和常用的中文含义。我习惯边背单词边做标注，这样以后只需要温习不熟悉的单词，可直接跳过已经掌握的单词。

我会提前阅读课文并标出不理解的字词，然后借助词典，将其中文意思标注在相应位置，帮助自己理解文章。

如今，各种各样的英语辅导资料和网络资源层出不穷。就学习而言，我的父母对我采取“自由放任”的政策，没有严格限制我使用手机和电脑等电子产品。在我看来，这些电子产品其实是工具，评价的好坏取决于你是如何利用这些工具的。以搜题软件为例，因为同一道题目可能存在不同的理解和解法，老师课堂上也许只解释了其中的一种，你可以借助这些软件提供的补充选择自己容易理解的方法去解答。然而，如果你一味地利用这些软件来应付作业，没有经过自己的思考，那么它们对你则是有害的。网络资源丰富且更新换代的速度快，大家需要有甄别好坏的能力，确保自己上网搜集到的是权威靠谱的参考资料。

(二) 英语课堂直播

1. 听讲技巧

毕竟英语课堂时间有限，老师上课的语速难以保证能够匹配所有同学适应的速度。因此，大家需要掌握一些听讲技巧来努力追随老师的授课进度。其实，课堂上的听讲是锻炼自己听写能力的大好机会，它要求大家敏锐地捕捉到老师言语之中的关键信息，一般表现为老师反复强调的内容及语速突然变缓时提及的内容。就单词讲解而言，在讲述该单词的常见含义和用法后，老师会着重强调该单词的生僻含义并举例，大家可以在笔记上预留位置或者用波浪线代替重复的部分，之后有空再补充相应的缺失内容。就语法知识而言，大家一定要及时记录并理解老师在课堂上提及的经典例句，这样复习的时候只需简单浏览加深记忆即可。就试卷题目而言，至少应该保证自己在听完老师的分析后知道自己做错的题的解题思路和方法。再者，注意一些“锦鲤附体”时凭借运气蒙对的选择题，以免之后遇到同类的题目仍然不会解答。除此以外，老师在分析阅读和作文的时候可能会强调一些好词好句，大家可以先在试卷上进行圈画，抽空整理到自己的笔记本上。

就我个人而言，我觉得大家要打破死气沉沉的课堂氛围，积极主动地在课堂上与老师互动，这样上课就不容易打瞌睡，可以保持一种良好的听课状态。如果问题回答正确，就能够对你起到一定的激励作用，激起你英语学习的热情。即使问题回答错误，在老师的讲解之后，也会加深这道题目在你脑海中的印象。

2. 笔记在线

正所谓“好记性不如烂笔头”，做笔记的主要目的是在复习阶段帮助自己回忆。此外，将错题统一整理在笔记本上，复习的时候就不用看堆积如山的试卷了，节省了复习的时间。就英语而言，我会准备三种功能各异的笔记本：课堂笔记本（正常大小，用于各单元单词及语法知识点的记录）、错题本（厚实，用于错题及相应解答的记录）、单词本（小巧易携带，用于课外单词或词组的记录）。此外，我会购买五颜六色的笔，根据重要程度将笔记进行分类：老师在课堂上强调的重要考点就用醒目的红色，在老师讲解之后仍然心存疑惑的题目则用明亮的橙色。高中三年，我记录了整整三大本的错题集。起初是英语老师要每周检查大家错题的整理，久而久之，我就养成了摘录错题的习惯。整理错题并不是简单地抄写每道错题，关键是厘清其解题思路。在高考冲刺阶段，英语课以讲解试卷为主，因此可以边听课边整理“新鲜出炉”的错题，直接在课堂上完成错题整理就不会占用太多课下的时间。

(三) 英语课外生活

1. 基础巩固

先给大家煲一点热气腾腾的“心灵鸡汤”补补营养。从短期来看，大家努力学习英语是为应付考试得高分，好如愿进入高校的大门；从长期来看，全球化已然是不可扭转的趋势，而英语作为一门全球通用语言，是可以帮助我们未来走向世界的有力工具。简而言之，英语在当代很重要！

英语作为一门“血统纯正”的文科，和其他文科科目一样，需要背诵记忆的内容多，想必这也是大家在学习英语的过程中感到头疼甚至是头秃的重要原因。单词是英语必不可少的要素，词组、句子、文章都可以看作是由一个个英语单词按照数学中的排列组合变化而成的。因此，熟练掌握课本和考纲要求的单词是夯实英语基础的基本操作。

我仍然记得当年在临考前，全年级都对高考考纲要求的3500个单词进行了反复的默写，从而让学生了解自己对单词的掌握情况。首先是提供含义要求默写对应的单词及词性的转换和常用的搭配，例如，对……有利 benefit sb/sth=be beneficial to sb/sth；其次是提供单词要求默写其生僻含义，时常令人摸不着头脑；最后则是前两者的“大锅烩”，味道十分酸爽。我至今仍然记得英语老师的口头禅——“make sense”的三种含义：有意义；有道理；讲得通。

我在背诵单词时会根据自己对单词的熟悉程度做不同的标记，从而节省复习的时间。面对已经背得滚瓜烂熟的单词，我会直接用铅笔画掉它，眼不见为净。面对陌生的单词，我会用醒目的颜色和符号标注，提醒自己有空就要加强记忆，实在不行可以反复抄写，顺便练字，一举两得。此外，一定要注意单词的拼写，学会自己归纳总结发音/拼写类似的单词，例如 snake 和 snack、beach 和 bitch 等，否则可能会闹笑话。

我所就读的高中全校统一订阅了英语周报（*English Weekly*），和教材同步更新相应知识点的习题，同时会定期开设词汇和语法的专题讲解。当你复习得头昏脑涨、没有头绪时，不如去刷历年真题，强烈推荐江苏考生人手一本的小黄书“38套”。

2. 高分攻略

每年高考结束，堪比“清明上河图”的江苏英语试卷一定会登上热搜榜。借这次机会，我想分享一下我个人在各种题型上的解题技巧。英语考试中有各种各样的选择题，当你无法确定答案或者在文章中无法找到和题目相对应的答案时，不妨尝试使用排除法，检验题目所提供的选项是否正确，从而提高自己的正确率。同时，要做好标记，在之后老师分析试卷时提醒自己这道题目并没有真正理解。

（1）听力

据我了解，有些省份不需要考英语听力，无法对“衬衫的价格是 9 磅 15 便士”这句话产生共鸣。全国卷和江苏卷使用同一套，听说国家为此特地将江苏英语考试安排在了高考第二天的下午，江苏考生情不自禁地流下了卑微的泪水。我觉得高考听力难度适中，讲究理解、练习和解题技巧。

在填写完试卷和答题卡上要求完善的信息后，我会抓紧时间浏览听力题目和相应的选项，圈画关键词提醒自己，例如“true”“not mentioned”。在播放听力时，一定要聚精会神，不能开小差，尽可能地去理解听力内容。此外，之前分享的听讲技巧也能在此发挥作用。我习惯边听听力边在试卷或草稿纸上记录关键的信息，特别是百分比、年份等数据。有人曾调侃总结听力里面的男女双方起初总是持不同的意见，而后陷入纠结和辩论，最终男生成功被女生说服，采纳女生的意见。在考试前，可以适当增加听力练习的频率，逐渐培养自己的“耳感”。

（2）单项选择

在这里我总结了几个单项选择的考点。

第一，考查单词的特殊含义。例如，spring 不仅有“春天”的意思，还有“泉水”的意思；blue 不仅有“蓝色”的意思，还有“悲伤”的意思。

第二，考查语法知识，包括各种各样的时态和语态。针对此类题型，我会复习语法讲义、笔记本上的知识点以及错题本上记录的语法错题，题目其实大同小异。比如说，考查时态的题目可以根据题目中和时间有关的信息来判断，考查语法的题目可以根据句子的主语来判断。

第三，考查谚语。英语的习语类似语文的歇后语，其字面意思和寓意存在一定的联系。我们一方面要重视理解，一方面在平时要尽可能多地掌握和积累平时常用的谚语。复习的内容主要参考讲义、笔记本和错题本。

（3）阅读

在我看来，完形填空的关键在于课外单词的积累和联系上下文去理解。如果题目中提供的单词你一个都不认识，那么你就无法将单词代入句子去理其解含义，基本就失分了。在这种情况下，我会按照构词法，根据单词的前缀和后缀去猜测单词的含义。如果仍无法确定答案，不妨将这道题暂时晾在一边，继续阅读下面的文章，寻找解题的线索。

接下来，欢迎各位来到长篇阅读的世界。你不仅能够有幸拜读外国经典文学作品的节选，还能了解到有关法律、经济、历史、生物等方面的五花八门的文章。毋庸置疑，随着文章篇幅由短变长，难度也会由易变难。大家面对简单的文章应保证拿分，复杂的文章应尽量拿分。

翻开我的英语试题卷，你会发现上面“不干净”，有各种各样的标记。在阅读文章前，我会给文章的每一段都标注上相应的段落号。接下来做的不是阅读文章，而是浏览文章后面的题目并做圈画的标记。出题人有时会“大发慈悲”，提供类似“in paragraph 3”的段落提示。当你之后阅读到相应的提示段落时，一定要提高警惕，仔细查找该段和题目有关的信息。与此同时，大家需要特别关注在一篇文章中的“异类”，像名字、头衔（e.g. Professor/President/Doctor）、月份等采取首字母大写的单词以及年份、百分比、价格等阿拉伯数字。在一堆小写单词中，它们显得格格不入，容易引起我们的注意。之后，我会一边阅读文章，一边给予题目有关的信息画线并标上相应的题号，为检查和试卷评讲提供依据。一般来说，题目的顺序和文章的段落顺序基本保持一致。换句话说，如果无法定位答案来源，可以由前后题目推测大致的段落并进行精读，有效节省时间。

初入高中，英语老师就要求全体同学都购买《牛津英语词典》，虽然砸钱买词典肉疼，但是买了不吃亏，买了不上当，遇到陌生的单词可以向字典求助，我的《牛津英语词典》就因为我长期频繁“蹂躏”而变得破烂不堪。当然，词典的用处绝不只是用来查单词，平时也可以充当午休的枕头，顺便让词典里蕴含的知识通过渗透作用流入自己的脑海（一本正经地胡说八道）。

江苏卷的任务型阅读是公认的颇具挑战性的题目，它要求大家阅读文章后补充表格中缺失的信息，准确地概括文章的内容。它通常会以一张大表格的形式出现，类似事先列出的写作大纲。

我觉得任务型阅读难就难在题目灵活，几乎没有可以直接从原文找到的答案。

在进行了大量的练习后，我总结归纳出三类常见的考法。第一类题其实可以“提前准备”。以科普性质的文章为例，在文章的开头，作者一定会用通俗易懂的语言向读者介绍他的研究对象，否则就是“对牛弹琴”，一些非专业人士（比如说我）可能就无法理解后面关于研究成果的说明，因此第一个填空经常会考 definition/meaning 之类的有解释含义的单词，此处的可行答案通常不唯一。不过，大家不能掉以轻心，一定要注意后面的介词是 of 还是 to，然后根据固定搭配选择合适的单词。至于第二类题，虽然其答案在文章中显而易见，大多数人都能够准确定位，但是它需要大家进一步完成单词的词形转换或者同 / 反义词替换。举个例子，我暂且不说大家是否都知道 maintain 这个单词有“维修、保养”的意思，出题人偏偏不按常理出牌，让你一不小心就拐进他的套路，正确的答案是 maintenance，maintain 的名词形式。第三类题则是考验各位的概括能力，与题目相关的信息可能是一句话甚至是一小段话，这就需要你结合自己的理解将其提炼浓缩成精华。

阅读知识归纳

Have a try!

1. 100 years/10 years/two weeks	century decade/ fortnight
2. make use of	take advantage of
3. describe sth	give a discription of=give an account of...
4. evaluate sth	mank an evaluation of
5. assume that	make the assumption that
6. be better than	be superior to/have advantage over
7. kill sb	cost sb,one's life/ claim one's life
8. in the countryside/city	in rural / urban areas
9. hold a contest yearly/every year	an annual contest
10. The objective of science is the ...	Science is aimed at...
11. Though/ Although sth happened	in spite of/despite the fact that
12. make up 44%	account for 44%
13. sth contributes/ leads to	Sth is committed for ...
14. Don't do sth	Avoid doing sth
15. respond to	in response to
16. in danger	at risk
17. be attractive to sb	appeal to sb
18. appear	come into existance being
19. make up for the losses	compensate for the losses
20. kill oneself	commit suicide
21. agree with/ correspond to sth	be consistent with
22. be important	vital/significant/ be of importance
23. deal with/ cope with	handle
24. on purpose	deliberately
25. be different from	differ from
26. make sth different from	distinguish sth from...
27. be good for/ do good to	be beneficial to/ be of benefit to
28. most of ...	the majority of
29. manage to do sth	succeed in doing sth
30. be proud of	take pride in

（4）写作

我一般会按照试题的印刷顺序答题，并且预留至少 20 分钟的时间集中火力进行写作。在落笔之前，一定要提前思考并在草稿纸上写下整篇作文的大致架构和想法，然后按照事先列出的大纲进行补充和拓展。

个人建议是刚开始可以模仿范文的构思，之后则应尽量摆脱掉传统的“老掉牙”的What-Why-How三段式结构，逐渐摸索并总结出适合自己的模板和套路。在我看来，以江苏卷为例，高考作文倾向于议论文的表达方式，需要学生透过现象探讨其本质并发表自己的看法和理由。2017年的江苏卷就是要求学生通过阅读有关中国电影票房收入的柱状图及相关文字完成写作。面对这类题目，我会先在第一段概括题目阐述的问题或现象，第二段简略叙述大众对此的看法及理由，第三段详细发表自己的观点及原因，最后则是对全文的总结。在议论文的写作中，逻辑性举足轻重。然而，在紧张的考试气氛下，既要完成写作又要兼顾文章的逻辑性其实是相当困难的。对此，我们可以适当地使用表示顺序的介词短语，例如，first of all/in addition/besides/at the same time/last but not least等。以此强行增强自己作文的逻辑性，使文章条理清晰。

在写作时一定要注意各类从句和主/被动语态的混合使用，这就要求大家掌握基本语法知识。此外，在同一篇文章中最好不要多次使用相同的单词，尽可能地使用意思相近、可以替换的高级词汇。不然的话，一方面会使阅卷老师感觉文章重复冗余，另一方面会暴露自己词汇量的匮乏。我会在单词本上总结一些常用的近义词和反义词，例如，（名词）影响effect/influence/impact;（形容词）不可避免地/的unavoidable/inevitable;（动词）增长increase/rise/grow，减少decrease/reduce/cut down 等。其实，大家产生的想法往往大同小异，通过语言的加成，即使观点类似，也可以使自己的文章脱颖而出。

我的英语老师有时甚至会要求大家背诵参考答案提供的范文，并抽默范文中的部分段落或者单独的词句来检查背诵的效果。在我看来，自己的脑容量有限，同时参考答案提供的范文质量参差不齐，所以整理摘抄范文中的好词好句和通用的固定搭配即可，特别是“初次见面”的单词和搭配，确保脑海里有足够的储备能派上用场。我就经常在探讨利弊的作文中使用 mutually beneficial（互惠互利）这一搭配。

无论是哪一门学科，干净整洁的卷面都能够给阅卷者留下好印象。衡水中学英语考试答题卡上的手写印刷体曾多次登上热搜，令广大网友叹为观止。然而，印刷体在短时间内难以速成，所以大家至少要保证答题卡上的书写清晰。

最后，在考试结束前大家一定要记得预留时间快速浏览自己的答题卡，确保试卷和答题卡上填涂的选项保持一致，并检查作文中是否存在单词拼写错误，减少可以规避的扣分项。

3. 难度突破

对于平时学有余力且以后有出国深造意向的同学，我建议可以在课外参加雅思、托福等国际英语能力测试的培训和考试，进一步提升自己听、说、读、写四方面的能力。2017 年江苏高考的英语作文和雅思小作文的题型类似，都是要求解读图表和文字并阐述自己的观点和理由。当开始接触这些由国外机构出卷和考核的出国外语考试时，你能够明显感受到难度的提升。这既是挑战，也是机遇。部分高校在自主招生报名中认可这些出国外语考试的成绩。如果取得不错的成绩，就可以尝试通过自主招生的方式为自己赢得高考优惠政策。

徜徉在题海中的同时，大家要学会“苦中作乐”，可以去发现试卷中的“土味情话”和其他有趣的地方。以苏锡常镇一模中的一道选择题为例：When you feel alone, just look at the spaces between your fingers and remember that’s (where) mine fit perfectly.

除此以外，“处处留心皆学问”，大家要关注生活中的英语细节。比如曾经的一道听力提及了restroom，而部分同学将其误解为休息室rest room，便毫不犹豫地选择了place to have a rest，貌似很有道理的样子。其实，大家若留心观察国内的卫生间，就会发现上面的指示牌标注了restroom，等同于toilet这个单词。由此可见，我走过最深的路便是出题人的“套路”。

走下坡路之前

如果某一天，有人告诉你，现在你已经到达了你的人生巅峰，之后的全是下坡路，你会怎么走？

1. 初知成绩

十八岁的盛夏，梦幻得像一触即碎的泡泡，像是上天摇双色球一样摇到了一个平平无奇的孩子，恶作剧一样把她所有能想到的抑或是不敢想象的东西砸了下去，就为了看出范进中举的好戏。想来真正的范进，才学大抵是配得上这一名次的，否则像我这样滥竽充数的吹箫人，在一周内陆续收到了清华大学录取通知书和当地企业六位数的奖学金后，第一反应并不是在祖坟前三跪九叩或是发出“铁杵成针”这样小学生式的正能量感叹，而是在暑假的生日宴上，在所有人或由衷或应酬式地为我表示高兴时，眯着眼想从跳动的烛火中瞥见生活的戏谑，在心里默默念叨：如果世界上真的有命运，那究竟是想玩我呢还是玩我呢？但哪怕平日可以将自己淹没在各种娱乐活动带来的短效快感中，夜深人静的时候也不得不直面一个事实，再如何不甘承认，也会有一个孱弱的声音无视你表现出的满不在乎的保护层，提醒你：喂，你拿到清华录取通知书的那一刻，就是你的人生巅峰了。

简单做个自我介绍，我来

自江苏的一个十八线县级市，从小到大都在这里读书，离家最远的学校也不过半小时的公交车程。少了背井离乡的决然与冲劲儿，自然也别指望我有头悬梁、锥刺股般的奋斗模式，同学也戏称我是个网瘾少女，以我高三时《王者荣耀》打上星耀段位为证。虽不缺吃不缺穿，但家境也就堪堪满足温饱，故家中不曾在教育上有过重大投资。无论是自招奥赛，还是补课家教，家中都没有闲钱给我报名。同样，每节课超过 100 元的艺体兴趣课程也成了奢望，少年宫 300 元一学期的兴趣班是我对各种雅学匆匆看个皮毛的启蒙地。但出于老家有田的缘故，我从小倒是钓田鸡、网鱼虾、捉泥鳅的一把好手。

在精英教育迭起的时代，如果没有天上突然掉下来的馅饼，我大概就是在人头攒动的人潮里垫脚也看不到的存在吧。在踏进清华大门前，相比于浓浓的自嘲，喜悦的意味已经淡得几乎品不出了。很多人小时候都会做上清华北大的白日梦，但当一个人笃定自己才不配位、不过是一次考试的运气使然的时候，内心的惶惑甚至会让她羞于在人前提起自己上了清华。

我用了一个暑假的时间沉淀好起伏的心绪，拿着发错了的清华体验卡，眼一闭心一横，想看我走肉眼可见的下坡路就走给你看咯。

2. 下坡路上的第一个坑

作为一个大学之前从来不会主动做课前预习、提前学习的人，我破天荒地从淘宝买了清华的教材，开着大学 MOOC 把微积分学了一半，自我感觉较为良好。MOOC 习题基本会做，但深谙高中时代的教材难度、书后习题、要求掌握程度这三个完全不可相提并论的知识体系间的隔阂，我开始担心自己是不是掉进了我以前颇为不屑的假装勤奋的陷阱，看着都会，但自学的基础十分脆弱，根本经不起测试。后来的经历证明确实是这样，你以为的传统高中学习方法并不适用于本科阶段的大部分课程。

我还记得大一上学期时，八点的课我七点起床，吃好早饭就急匆匆赶去教室占一个前排位置，希望能通过形式上的努力跟上身边高智商群体的步伐。我们的微积分老师是个完美契合我儿时对科学怪人的各种设想的老教授，书上看上去写法还算通俗、对大一新手较为友好的定义定理十有八九会被他拿出来批判，“太不严谨了”“这不应该是由数学系的人写出来的东西”“这么定义是完全错误的”……一点都不给就在同栋楼办公的作者面子，转身又在黑板上写下一条条我们这些大一“萌新”完全分辨不出其中差别的定义公理。很多时候感觉课堂被三尺讲台分割成两个完全独立的空间，老师沉浸在自己的数学世界，而台下的学生听得如坠云里雾里。可能是老师对我们的要求超出了工科生往后所需的数学能力的范畴，也可能是老师对正误严谨的评判标准不肯做出一丝让步，但对于学生来说要在课下花更多的时间才能达到和隔壁班相同的学习效果（直观映射就是相同的课后作业所消耗的时间），这难免让这位老师的风评不是特别高。

我也试着去旁听其他老师的微积分，虽然一节课下来没有和以往一样对自己的智商产生怀疑，但下课后老师留了道拓展的思考题，我凭借暑假的提前学习、前一周刚上的自家老师的同进度内容（老师进度各有不同)、作业的巩固积累，遗憾地发现，我是真的一点思路都没有，尤其是在周围同学举手讲证明思路甚至上台演示的时候，自我怀疑达到了某个局部峰值。尔后的习题课、期中测验、期末考试，也一步步验证了，你如果能够靠自学学会的东西，靠上课听懂掌握一定是没有问题的，但上课难以熟练掌握的技巧、刁钻清奇的思路、科学常用的严谨推导过程等，是无法一下子理解吃透的东西，是课本、MOOC 视频里都不会提到的东西，但这些才是学习过程中真正的障碍。把简单的东西学一遍两遍三遍没有意义，不过是在用行动上的勤奋去弥补战术上的懈怠，完全是事倍功半，当以此为戒。

以上是下坡路的第一个坑。整个大一的学习生涯感觉和高中并没有太多不同，依旧是数理化的循环，微积分、线性代数、大学物理、大学化学、电路原理（初中物理电路章节的进阶版），再瞥一眼高中同学精彩纷呈的课表，我一度怀疑自己是不是读了个高四。

3. 下坡路上的第二个坑

要说小时候对大学的课程最期待的是什么，我就曾无数次幻想过穿着实验服戴着白口罩，将左手试管的溶液滴几滴到右手的容量瓶中（错误操作请勿模仿），摇一摇，变色了！（参见氨水检测实验，初中知识水平有限还请见谅）如果能听到像铝热反应一样“砰”的一声那更是再好不过了，有生之年要是能炸几次试管那就更圆满了。可惜我学的是电气类专业，与试管试剂无缘，但这丝毫不影响我的实验能产生化学爆炸的效果。在某次基础性电学实验里，我无意间将一个复杂电路中某一个小电容的正负极接反了（科普一下，电解电容是有正、负极的，并不是高中课本里两块带电导体中间隔层介质形成的那种电容），在完成了第一阶段小实验并提供了合格的实验数据的情况下，第二阶段小实验终于不堪重负，“砰”的一声黑色壳子炸裂飞出三尺外，同时里面洋洋洒洒的絮状物质飘得实验台上到处都是，我愣了一秒后赶忙把电源断掉，之后荣幸地成为老师在接下来几节实验课上的典例。让我在此对我壮烈牺牲的 47uF 电解电容致以诚挚的歉意。在往后的很多场合，我都会回忆起这个身残志坚地挺过了前一小时的实验，最终不堪重负炸裂的小电容，甚至颇有同病相怜之感。

4. 对实验的新认识

慢慢地，“实验”这个词不再是对一个既定结果进行按部就班的验证、以动手趣味性作为标签的学习过程了，越来越多的实验只会给你一份任务书，告诉你最后要做出个什么东西，甚至开放性实验不会有具体指令，只给你一个大体的方向，具体能做出怎样的作品全凭想象力和专业基础知识。一年下来学会了各种单片机和 FPGA 板的语言，正所谓“代码写半天，bug 调一周”，我们需要用 10％的时间做好 90％的实验内容，再用 90％的时间去查漏补缺，完成剩下 10％的任务量。这看起来很不可思议，但想一想会发现生活中很多事情都有类似的规律。虽然饱受实验的摧残，可能从早上八点去图书馆晚上十点回寝室 bug 只多不减，但当我们真的用各种可爱的板子实现了音乐播放器、收音机、无人售货机模拟、8 位 CPU、自动寻径小车、盆栽自动灌溉设备等东西时，哪怕从产品的角度看上去既丑陋还伴随着间歇性歇菜，也阻止不了我们这群秃头大学生把小东西们吹上天，疯狂摆拍、拼九宫格、发朋友圈，然后一头栽倒在床上补觉，睡得不省人事。

高中的时候很难理解做实验的意义，毕竟当时接触的都是些再简单不过的动手游戏，也很难像老师期待的，或者课本的实验目的中写的那样，咂摸出一点科学探究精神的门道。而我大学里接触的工科实验，给了理论知识和实际应用一个看得见摸得着的桥梁，回答了从小到大“学这个有什么用”的疑惑。虽然也曾调侃过“以后买菜用得着数学吗”，也不相信高中三年遇到的无数应用题真的有什么应用价值，但到了大学，终于可以确定地说自己学的东西不再是与现实生活存在于不同位面的空洞理论，不再是用简单的钩与叉就能衡量评判的解题能力，自己好像真的能和社会主义建设挂上那么一丝丝联系，就靠着这一个个丑陋的音乐播放器。

5.“爱网”创建

大学区别于高中的一个显著特质就是你在学习之外会有大把大把的课余时间，尤其是暂且没有额外的科研压力的低年级生，对他们来说社工社团就是不错的生活点缀。我在大一时加入了清华大学唐仲英爱心社（简称唐社），开启了我大学阶段的公益生涯。

我们社团由七个部门组成，分别是企划、项目、实践、内联、外联、宣传、组织。和公益项目息息相关的是前三个，企划部是负责大开脑洞孵化新项目的地方，社团内许多优秀的项目最初都萌芽于此，为唐社输送着新鲜的血液，而有些项目可能想法极佳但实施起来会遇到诸多阻力，也可能就此夭折，试运营成功的项目会在一年后移交项目部接管。实践部主要负责学期中与假期支教项目，作为一个思维跳脱、三分钟热度又想锻炼能力的“萌新”，我一头扎进了企划部这个“天坑”——一个团队成员需要同时承包所孵化项目的外联、宣传、策划、实施、招募志愿者等工作的“天坑”，但同时也是我在大学里遇到的最有认同感和团队感的“天坑”。就算明知这是个忙到炸裂也没有其他部门资源协助的地方，我也在第二年被从坑里掘出来问是否留任的时候毅然决然地又跳了下去。

当时提出的一个公益想法是基于老年人的智能设备使用需求。清华校内有个名为照澜院的小区，里面大多是一些退休了的老教授，我们设想把他们作为第一批试点对象，开展一些智能手机使用教学活动，并将此命名为“爱网”计划。听起来很简单，甚至有些幼稚，但当时苦于社团部门规模问题，加上一些老成员出于学业等原因退社，导致新学期开始“爱网”成员只有两个人——我和另一个电子系的同学。筚路蓝缕，各种突发事件应接不暇，也是这段时间的相互扶持与共同承担，让我收获了我大学以来除了室友之外的第一个挚友。为了了解老人的实际需求，我们约好时间共同前往照澜院附近的公园实地采访调研制订课程教学计划，来到居委会联系时间场地和宣传模式，熬夜绘制好海报张贴在学校的各个教学楼来招募志愿者，做好招募推送希望有更多志同道合的人加入。他也应用他的专业知识制作了“爱网”专属网站的初稿（后因为经费、域名等问题暂被搁置），希冀能在规模扩大后以网络视频教学的模式惠及更多的人。当第一次活动成功举办的时候，看着台下坐满了四五十位老人，三尺讲台曾是他们的主场，身份转转后的科技反哺在他们由衷的感激里寻得了意义。等到一年后交付给项目部的时候，我们的团队已经扩充到十几个人的规模，清华大学十佳社团答辩的时候，社长将“爱网”作为社团校内创新公益的典例。我突然想起了辅导员在刚入学时候和我们说的“大学充满无限可能”，这可不只是个噱头，这个阶段是我们犯错成本最低的时候，有什么想做的就快去做，失败了也不要紧，对往后的人生不会造成实质性的影响。就像最初两个人的灵光一现，变成了如今清华十佳社团的招牌项目之一，在更迭了三代负责人后还在继续下去，扩展到了校外社区，还开展了和其他高校爱心社的合作。如果问我大学这几年中让我最快乐、最难以忘怀的经历，大抵就是这段和志同道合的人为了老教授们的笑容而共担风雨、一起“背锅”的日子。

6. 支教的体验

除了社团里的公益孵化，大二那年暑假为期两周的支教也让我体会颇多。与“爱网”的充实与意气不同，支教把我从京都高校“自由之思想，独立之精神”的氛围中硬生生地拉回现实，告诉我“无限可能”只是极少数幸运儿的福利，指给我看“喏，这才是学生时代的百态人生”。

我们的九人支教团可谓是我见过的所有支教团队中阵容最为豪华的，成员来自五湖四海，分别是英国、美国、中国台湾、中国香港、中国大陆，而我们的支教对象是一群河北小县城的即将升入高三的学生。我们想象中的支教场景是，给一群在闭塞小镇的孩子带来外面的广袤天地，展现不同地域的独特文化，对异己与多样的尊重与包容，所学学科在生活生产中的切实应用案例，以及大学五花八门的专业所蕴含的九门功课体系外的“无限可能”。这些是我在我的高中生涯里最稀缺也最希望得到的东西，我希望他们能够用一年的时间去思考未来的方向，而不是仅仅在出分后的三两天便匆匆决定。我们以为自己能用两周的支教引导他们抬头看看外界、静心思考未来的方向，但真正到了支教地点，看到学校张贴的喜报上刺眼的本科率达30%，仅到了本一线的全校最高分，才发现我们的经验其实是很可笑的，我们以为自己在换位思考，却不知自己带着一种“何不食肉糜”式的盛气凌人。让几个纠结填北大还是报清华的人，给基础薄弱、师资短缺、家境一般、教育理念落后的高三学生描述他们眼里的未来方向，我们自己能够收获一种空幻又富足的、好像有了创新的满足感，但雪中亟须的是炭而不是锦缎上的花。有一次在我结束了数学建模的高谈阔论后，在课间与前排的一个小姑娘闲聊，我问她，你们希望我们教些什么呀？她拿出了一本《五年高考三年模拟》，指着一道偏基础的物理题问我，说看不懂解析。那一刻我突然觉得，自己像个想要在家长面前卖弄一番却弄巧成拙的孩子，做错了事情的无措与心虚让我一度静不下心来给她讲解这道“一眼就能看出答案”的题目。后来我把自己的教学计划全盘推翻了，熬夜备课数学函数的专题训练，放下之前“有含金量的支教团不会拘泥于短期高考刷题，而应该为孩子的长远未来作引导”这样一点矜持的私心，不再自负地以过来人的姿态去揣测与自己截然不同环境下的人的心理，而是站到学生中间，说“我们一起把这道题目解出来”，说“我帮你们提高一分两分”，说“明年的现在期待在北京见到你们”。经历那次支教后，我的收获可能远比我的学生多，是所有的课堂都无法教会我的更为纯粹的不带有地位差异的善意。

清华所特有的，可能就是在其他学校所提供的资源基础上加上一个“更优质”，无论是食堂、宿舍等基础生活设施，还是健身房、游泳馆等体育设施，抑或是国家级实验室、充足的科研经费、本科生科研项目等科研软硬件，都是很多学校无法比拟的，还有最为宝贵的身边的同学、校友。当我写下这个章节的时候，我仿佛又回到了支教的时候，我不知道有耐心读到这里的你，是清华北大降分在手胜券在握，还是冲“985”保“211”，还是在一本线上下挣扎，所以以上的生活分享并非某一所学校的特性，而是大学区别于高中的特性；不是“别人家的孩子”的生活，而是只要自己用心参与也会经历，也会有所体悟的大学时光。

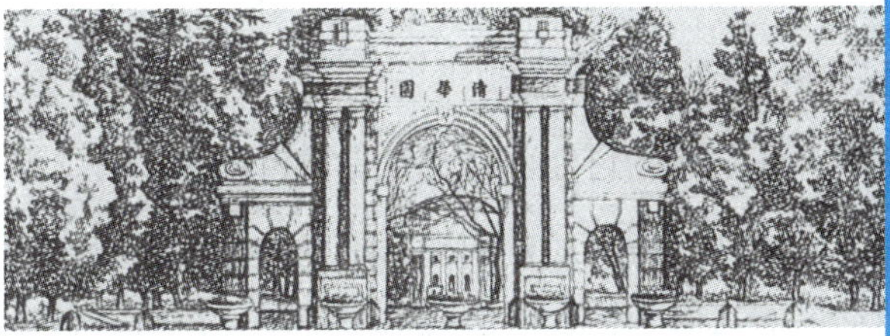

我在清华等你

亲爱的同学们：

你们好！

我在大一刚步入清华园的时候，高中母校让我写一段个人介绍张贴在校园内。当时的我带着些传统过来人的将一切看作风轻云淡的姿态写下了这么几段话：

本人良民，志虑不忠也不纯，性行不淑也不均，晓畅军事但仅限于召唤师峡谷（《王者荣耀》），亦庶竭驽钝于平安京画符念咒攘除奸凶（《阴阳师》）。观其高中行事，唯有一二可付笑谈。见缸中莲花朝开而暮合，与同年商讨一番后取来家中手电谨遵控制变量法多次试验欲探光照对其影响，三节晚自习后仍未有变以失败告终，幸来往师生未追查惊扰莲花之责。备考间被春意撩拨心弦便与同座放飞自我，以垃圾袋为筝面与流苏、以卷为柱形的废弃试卷为骨杆、以圆规针尖为固纽、以双面胶为装饰，欲造纸鸢以承吾心吾愿，名之“栖枷柠”，然至高考仍未成功上天与太阳肩并肩。晚自习课间眺望精一楼，突发奇想欲上顶层天台俯瞰氿畔，招呼伙伴电梯楼梯并用直上八层，虽未能拍下这摄人心魄的景致，但那晚夜幕下的校园仍映射心间，只可惜从此之后最高层的门锁至我离校亦没能再度开启。

回首高中三年，我记得的可能不是哪次考试考了多少分，拿了多少奖学金，担任的课代表、对应的老师帅不帅，而是第一次以一种近乎玩闹的方式将学到的实验原理应用到生活中，是重拾与季节对应的传统重拾“生活”，是站在全校最高的天台上时发现原来星星离自己这么近，又这么远。

借用清华校庆电影《无问西东》中的一句台词：“什么是真实？你看到什么，听到什么，做什么，和谁在一起，有一种从心灵深处漫溢出的不懊悔也不羞耻的平和与喜悦。”这是我真实的高中生活，也希望学弟学妹们能不只停留在生活的表面，爱上你的生活，也好好爱自己。

如今看来，面目实为可憎。又似乎在结局既定后向后人描绘个中滋味，总会淡化自己的主观追求，好像这样一来又能显得自己有几分不争的傲气与资本，毕竟与其被夸努力，谁不想被当成天资聪颖的“别人家的孩子”？尤其是在这个宣传“早教从胎教开始”的时代，我一个没有任何一技之长傍身、只是按部就班地接受了九年制义务教育的县城学生，只能靠成绩与看起来的不努力博得别人的赞誉，满足一下小小的虚荣心。

但当我进了清华之后，这件事情就发生了一些微妙的变化。看着周围的人动辄小提琴、钢琴十级，动辄从初中开始接触编程，动辄把单片机当成平日玩具，动辄在各种演讲赛事大放异彩，我只敢蜷缩在角落里，盯着台上的光芒感叹原来这就是大城市的孩子。而我原先唯一的优势也荡然无存，甚至成了我的弱点。

我还记得大一上学期期中考试的时候，我曾自以为还算是个会学习会考试的人，尽管平时学起来似乎要比高中吃力不少，但我自觉经过暑假的提前学习、吉米多维奇的题海战术、下足了功夫的精题钻研，准备得已经很充分了，觉得我都已经拿出了超过高中数倍的努力，应该不会有什么太大的问题。两小时过后，考试结束了，助教说“同学们，放下笔”，我把笔塞进了文具袋，不是因为我做完了，是因为就算再给我延长一小时我也写不出一个字了。助教在座位间以S形的路径穿梭游走，收走一张张答题卡，离我越来越近，越来越近。他要来收我大片空白的答卷了——我这样想着，眼里的助教像是提着巨大镰刀前来索魂的死神。这是我度过的最漫长的收卷时间，又害怕又难以置信。

第一个学期没有经验也少了些运气，选上了以超多任务量与超高难度著称的最硬核的英语老师的课。老师喜欢随机点人起来发表对某个问题的看法，每当这时我都将头狠狠埋了下去，不敢和老师有任何眼神上的交流，尤其是听到被点起来的同学开口就是充满磁性的发音、有逻辑的陈述与娓娓道来的自信，让人一度怀疑英语对他们来说怎么会是外语。口语一向是我的短板，一学期下来我都小心翼翼地隐藏着，但最后做 presentation 的时候我知道终于藏不住了，哪怕在寝室练习了再多次，一站上讲台声音依旧在微微颤抖，演讲硬生生被我 show 成了抽背的模样，面无表情地一个单词一个单词往外蹦的时候，我脑海里只有两个字——“完了”。虽然这门课的老师对我比较和善，我的英语成绩没有太过糟糕，但当我下学期打算努力突破一下自我，又选了这个老师的英语课时，老师第一节课下课后就关切地问我，记得我英语水平不是很好，选她的课会不会有些吃力？虽然充满善意，但又格外刺耳。我不记得我当时是怎么回的寝室，满脑子都是老师无心传递出的“你不行”的信息，走到寝室门口的时候眼睛酸胀得厉害，我使劲抹了抹脸，努力装出一副“这只是我没睡醒一直打哈欠造成的”的样子。

到了大二的时候，我想初步尝试科研，于是小心翼翼地填了系里某个教授的 srt（本科生科研项目）报名表，名额一共三个，很庆幸的是刚好只有三个人报了名，等额分配。我本沾沾自喜地觉得自己把握住了机会，想着能够一窥科研的世界，后来等了一个月老师依旧没有联系我，我自我安慰是老师太忙了，直到终于等不及去问了另外一个报了名的大佬，才知道老师很早就联系他了，聊了很多课题的事情。

我曾在其他交流平台看到“985”的同学对一位清华同学关于生活压抑、课程难度大、考试作业不讲道理种种吐槽的评论：“你们很幸运，拥有的资源远比我们好，你们所谓的苦痛在我看来都不算什么。假使你过得真像你说的那么不堪，那除了说明你自己能力不足之外，不能说明任何事情。”人类的悲欢并不相通，你早在别人心中被打上了隐形阶级标签，又如何能获得共情与安慰?

接二连三地在自以为拼尽全力的竞争中落败后，那些面对夸赞时的风轻云淡与内心的沾沾自喜已被吹散，我不再像给学弟学妹的寄语那样“爱我的生活”，让我不再喜欢自己，让我变得没有那么“好”了，甚至开始怀疑之前的“好”是不是只是运气带来的一种幻觉。我一度幻想过，如果我当时没有选择清华，如果我去了北大，抑或是复旦、上交，那会是怎样的境况，我会不会比现在更“好”一点，更开心一点?

但其实并不会。如果我的开心与价值建立在必须达到这样的“好”的基础上，在一味迎合主流的评价体系，那我每年都在重复高三的生活，在寻找正确答案、标准模板的路上乐此不疲，但并不会快乐。

后来，我遇到了某次电路实验里因被接错了正负极而爆炸的47uF电解电容，它在爆炸之前强撑了那么久，还一直提供合格的实验数据，但终究不是舒适的姿态，逃不开超负荷工作的惨烈后果。“先断电，然后歇一会儿吧。”我默念着，看着被爆炸搞得一团糟的实验板，实验板也看着我，不知是谁给谁放了个假。

后来的后来，那门课期中考试被调分了，总评成绩没有太过糟糕；英语课我还是退了，选了一门较为轻松的课，不再逼迫已经紧绷的自己一刻不停地向前跑；我主动去找了srt导师，表达了想要尝试科研的心愿后也被分配了一些任务。那些让我深受打击、痛哭流涕、觉得人生就要完了的事情，现在回头看去，也不过只是一些有点绊脚的小石块，如今也可以笑着拿出来和朋友分享："嘿，那时候还是太年轻、反应太过夸张，稍微遇到点儿事就觉得过不下去了。"当时的揪心与恐惧却是真实存在的，细想时依旧能感觉到心里隐隐作痛。人真的是个神奇的物种，还未曾深入叩问内心所需就已急不可待地扩张自己的领地，还没回答清楚"我是谁"的问题，就已经迫不及待地往更高更远的地方跑去。挺奇怪的，我好像在某个"不知何故"的瞬间，可能就是小电容炸裂的那一刻，把之前那些辛辛苦苦、战战兢兢、跌跌撞撞地背负了一路的东西，放下了。

有一句高中大家都背过的名言："世上只有一种真正的英雄主义，那就是看清了生活的真相后依然热爱生活。"我写议论文的时候引用过无数遍，但真正理解它还是在大学后，开始逐渐接受自己就是个并不能做好很多事的普通人，开始接受自己失败的狼狈模样，不再去纠结自己是不是从入学以来就一直在走下坡路，因为我确信，从现在开始，学生时代的标志性上升节点已经不复存在了，我不再自恃清高也不再妄自菲薄，清醒，但绝不顺从。

距离入学给自己贴上"下坡路"标签，已经快三年了。梳理经历的一切，发现我还是成了更好的人。不是好成绩、好头衔、好履历，不是我高中时一直追求的光鲜亮丽如今又失去的那种"好"。那种贴合了外人对清华大学生幻想的"好"，再怎么荣耀加身也无法成为支撑我们走下去的力量，甚至无法让我们看清在光鲜外表下我们敏感又易碎的灵魂。

大三的时候，高中时的班主任又喊我再写一些关于大学经历的介绍，我想了想，开始动笔——

我，清华大学电机工程与应用电子技术系的一名无名小卒。大一时候像电路原理实验里被接反了正负极的 47uF 电解电容，但教务显然没发现我这么个放错了位置、选错了学校专业的元器件，还逼着我提供合格的实验数据，也只好一边想象着自己哪天装不下去爆炸了喷出漫天飞絮的样子，一边藏好引脚老实工作。大二时候像数字电子技术里一块呆头呆脑的 FPGA 板，仿真和实践永远不匹配，理论知识和科研应用找不到平衡的支点，总觉得自己掌握了蛮多的知识，但能做的不过是用蜂鸣器唱首儿歌的把戏。转眼大三了，小电容开始迷茫于未来要融入哪个系统了，FPGA 板也想着要开发出更厉害的东西了，导师和我说，不知道未来要做什么的话，就先好好学习吧，至少不会慌，好好学，不会亏的。同样的话送给学弟学妹们吧，好好学习后才有底气与最后的结果和解。

我无法许诺学弟学妹们大学一定会让你成为一个怎样的人，考上大学也并不意味着你一定能实现阶级跨越，名校与否不过是高铁、软卧、硬卧、站票的区别，会让你在旅途中的体验感有所差别，但只要你坚持下来，总能到达同一个地方。对于绝大部分人的努力程度来说，平台提供的资源都是绰绰有余的，普通一本的数学教授在教学质量上并不会比清华教授差太多，本科阶段能用到学校提供资源的50%以上，就已经需要付出数倍于同龄人的努力了。平台只是给了你一个兜底的下限，让你踏入社会的时候有所依靠，但真正决定你的上限的不是平台，而是你自己。

高中时好好学习挤一座独木桥，是为了成为更优秀的自己，这是努力的过程造就的，而不是一次考试。可能我们现在看起来灰头土脸，没入人海谁也看不见谁，生活又是这么不尽如人意，可能一辈子都不会有什么名堂，但我们在接纳这个不那么优秀的自己，同时向更好的自己走去。你瞧，你多棒啊！

我在清华等你来。